APRÈS LE CUBISME

OZENFANT und JEANNERET

APRÈS LE CUBISME

Übersetzt und mit einem Essay versehen von

HARTMUT MAYER

Edition Staub *Architektur*
Konzeption und Programm
Gerd de Bruyn und Wolfgang Reif

Bibliografische Information der Deutschen Nationalbibliothek:
Die Deutsche Nationalbibliothek verzeichnet diese Publikation in der Deutschen National-bibliografie; detaillierte bibliografische Daten sind im Internet über http://dnb.dnb.de abrufbar.

im skript-Verlag - Wolfgang Reif
Oleanderstraße 12 - 41470 Neuss
Tel. 0 21 37/95 27 88
Fax 0 21 37/95 27 83
Lektorat: Gerd de Bruyn
Korrektorat der Übersetzung: Marie-France Schumacher-Voinot
Abbildung Titelseite: Le Corbusier: Bruyère-Pfeife in Vers une architecture, 1923
Abbildung Rückseite: Amedée Ozenfant: Stillleben, 1920

ISBN 978-3-928249-78-2
www.editionstaub.de
www.skript-verlag.de

INHALT

VORWORT 8

OZENFANT und JEANNERET

NACH DEM KUBISMUS 12

I WO DIE MALEREI STEHT 13

Vor dem Kubismus 14
Der Kubismus 15
Der Kubismus und die öffentliche Meinung (Die Opposition) 16
Das Nicht-Repräsentative 16
Die Obskurität 17
Die Unrichtigkeit der Titel 18
Die vierte Dimension 18
Kritik des Kubismus 19
Der Kubismus und die Meinung (Der Triumph) 22

II WO BEFINDET SICH DAS MODERNE LEBEN 23

Der moderne Geist 23
Die Unsicherheiten der aktuellen Kunst 26
Zu einer bewußten Kunst 29

III DIE GESETZE 32

Die Gesetze 32
Die Suche nach den Invarianten 33
Was ist ein Gesetz? 34
Die Suche nach Gesetzen 34
Parallele zwischen den Methoden der Analyse in der
Wissenschaft und der Kunst 35
Ziel der Analyse 36
Mechanismus der Emotion 36
Die Gesetze und Ihre Beziehung zur plastischen Kunst.
Die Wahl. Anthropozentrismus, Anthropomorphismus 38

IV NACH DEM KUBISMUS 44

Das Gemälde 44
Die natürlichen Gesetze aus der Perspektive der Plastik 44
Die Wahl 45
Form, Farbe 46
Die Proportionen 46
Konzeption 46
Die Deformationen 48
Die „Wirkung“ 50
Der Purismus 50

HARTMUT MAYER

GEDANKEN ZU APRÈS LE CUBISME 54

1. Ozenfant und Jeanneret 57
2. Après le Cubisme 63
3. Émouvoir - Der ästhetische Zustand 70
4. Die puristischen Objekte als „Mots plastique“ und der „Mecanisme de L’Emotion“ 84
5. Le Corbusier 95

LITERATURVERZEICHNIS 107

ABBILDUNGSVERZEICHNIS 109

VORWORT

1918 hatte sich die Welt verändert. Der Krieg hinterließ Irritationen auf allen gesellschaftlichen Ebenen und gebar den Zwang, etwas Neues in die Welt zu setzen. 1917 hatten sich der französische Maler, Publizist, Modeschöpfer und Salonlöwe Amédée Ozenfant (1886-1966) und der knapp ein Jahr jüngere Charles-Edouard Jeanneret (1887–1965), der sich später Le Corbusier nannte, als geistesverwandt kennengelernt. Jeanneret war gerade erst nach Paris gekommen und verkehrte in der vom Architekten August Perret gegründeten Künstlergruppe Art & Liberté, in der auch Ozenfant Mitglied war. Es entwickelte sich bald eine enge Freundschaft. Da Jeanneret als Architekt kaum gefragt war, widmete er sich zusammen mit Ozenfant der zeitgenössischen Malerei, insbesondere dem Kubismus, den Ozenfant 1915 bis 1917 in seiner Zeitschrift *L'Élan* zunächst als richtungsweisende moderne Kunstströmung gefördert hatte. Nun, 1918, jedoch fürchtete er um ein Absinken des Kubismus zu bloßer Dekoration, wodurch der Kubismus Verrat an seiner eigenen Sache begehe. Stattdessen begann er sich auf den ursprünglichen, rationalen, von Eduard Cézanne und George Seurat angelegten Weg der kubistischen Malerei zu besinnen. Die Form sollte wieder gereinigt werden, sollte puristisch sein. Hier kam ihm der Architekt Jeanneret mit all seiner Rationalität, die er spätestens mit der Konzeption des Dom-ino-Systems 1914/15 unter Beweis gestellt hatte, entgegen. Jeanneret ging bei Ozenfant gleichsam in die Malerlehre: Er notiert am 12. Mai 1918 in sein Tagebuch: „Meine Gedanken über die Kunst richten sich stets auf das Plastische, eine ganze Form, eine stärker esoterische Linie. [....] Ich möchte eine Klarheit, einen Glanz und eine Schärfe, die ausschließlich den reinen Bleistift [...] und eine gemäßigte Farbgebung zulassen." Im November 1918 berichtet er über sein tägliches Malen, das ihn immer stärker in die „Geheimnisse der Form" eindringen ließ. Die Früchte dieser Anstrengungen präsentierten Ozenfant und Jeanneret im Dezember 1918 in der Galerie Thomas in der Rue de Penthièvre im 5. Arrondissement in Paris unweit des Elyseé-Palasts. Es wurden zwanzig Arbeiten Ozenfants sowie zehn Jeannerets (Bilder, Aquarelle und Zeichnungen) präsentiert, hauptsächlich Stillleben und Landschaften. Zu dieser Ausstellung, die nur wenige Wochen bis zum 11. Januar 1919 lief, publizierten Ozenfant und Jeanneret das Manifest „*Après le cubisme*".

Es handelt sich um die erste publizistische Äußerung Jeannerets. Unklar ist, wie groß sein Anteil am Text ist. Verglichen jedoch mit den späteren Schriften Jeannerets scheint er damals sein Metier als „homme de lettres", als der er sich später bezeichnete, gefunden zu haben. Das kurze Manifest trägt schon alle die Züge, die sein Hauptwerk „*Vers une architecture*" ausmachen werden: Es ist nassforsch, hemmungslos, beleidigend, militant – schon der Titel ist eine Provokation. Es ist jedoch auch von einer bemerkenswerten argumentativen Stringenz geprägt. Jedes der vier Kapitel baut Gedankengänge auf, denen man eigentlich nicht widersprechen kann, insbesondere wenn Tatsachen wie etwa „Wir sind Menschen" geschickt so platziert werden, dass kein Widerspruch möglich ist. Das Manifest beginnt mit einer Schilderung des status quo der kubistischen Malerei, die gut zehn Jahre zuvor von Picasso und Bracques begründet worden war, und nun in einen Zustand verfallen sei, in dem die Künstler wie „traditionelle Ornamentiker" handelten. Das zweite Kapitel ist eine Analyse des gegenwärtigen modernen Lebens zwischen Wissenschaft und Kunst. Es mündet in der Forderung, die Kunst müsse aus ihrer Zeit hervorgehen, dann werde sie „die Wissenschaft wieder mit der Avantgarde verbinden." Dies könne jedoch nicht aus freiem künstlerischem Wollen entstehen, sondern es bräuchte Gesetze als Gerüst. Apodiktisch lautet der letzte Satz des zweiten Kapitels: „Genug der Spiele. Wir müssen nach einer ernsten Strenge streben".

Damit schließt der analytische Teil des Manifestes. Es folgen die Kapitel „Die Gesetze" und „Nach dem Kubismus". Hier werden Maximen behauptet, gesetzt und verkündet: Generalisierung sei das höchste Ziel des Geistes, mit dem Werk müsse sich ein Gesetz zeigen, es müsse auf der Zahl basieren, auf Invarianten beruhen. Diese Gesetze würden erlauben, Natur zu betrachten als handle sie „nach der Manier einer Maschine". Wissenschaft und Kunst näherten sich in den Methoden der Analyse und es gebe einen „Zusammenhang von wissenschaftlicher Perfektionierung und der der Kunst". Mit ins Spiel gebracht werden nun auch die antiken Kanons: Phidias war schon zitiert worden als Beispiel wie Kunst und

Wissenschaft zusammengehalten werden, da dessen Werk zeige, wie „präzise der Geist im Zeitalter von Perikles" gewesen sei. Nun wird die Antike als Garant für Kenntnis und Einhaltung allgemeiner Gesetze zitiert, so wie es Jeanneret später in „*Vers une architecture*" für den griechischen Tempel, das Parthenon in Athen und die Lehren, die er aus der antiken römischen Architektur zieht, behaupten wird. Im Manifest ist es der Begriff „PURISMUS", in dem das der klassischen Antike unterstellte Kunstideal weiterleben sollte. Die menschliche Figur solle im Mittelpunkt stehen, die Form gehe der Farbe voraus, die Proportionen bestimmten die Schönheit, die Konzeption solle emotionsfrei sei, dem Zufall kein Platz gelassen werden. Fast erscheint das Manifest an diesen zentralen Stellen der Begründung eines neuen „Stils" als Wiederholung der klassizistischen Kunstideale eines Johann Joachim Winkelmann – „Edle Einfalt, stille Größe". Auf jeden Fall aber bindet sich das Manifest in jene Zeitströmung in Paris ein, in der eine Kontinuität der antiken Kunst und Architektur mit ihren behaupteten überindividuellen symbolischen Qualitäten im Mittelpunkt stand und zum Beispiel das architektonische Werk August Perrets prägte. Damit schließt sich der Kreis, denn Perret hatte Jeanneret die Freundschaft zu Ozenfant zu verdanken, mit dem er ab 1920 die Zeitschrift *L'Esprit Nouveau* herausgab und sich seinen weiteren Weg bahnte. Inwieweit die kleine Ausstellung und das Manifest über eine gewisse Beachtung in den Kreisen der Avantgarde hinaus Wirkung gezeitigt hat, ist schwer zu beantworten. Wegen der Bindung an die menschliche Figur, der Formgebundenheit der Farbe und der Betonung des Invarianten war eine Entfernung von der Gegenständlichkeit und somit eine denkbare Weiterführung des Purismus in die gegenstandlose Malerei ausgeschlossen.

Was sich jedoch aus Le Corbusiers Auseinandersetzung mit der kubistischen Malerei für seine Architektur ergab, steht auf einem anderen Blatt, das Hartmut Mayer in seinen „Gedanken zu Après le Cubisme" in aller Tiefe und Bedeutung auslotet. So ist es von hoher Bedeutung, dass der kleine, freche Text nun in deutscher Übersetzung vorliegt.

Stuttgart, Februar 2018

NACH DEM KUBISMUS

Die „KOMMENTARE“ beschäftigen sich mit dem modernen Leben und definieren den modernen Geist.

Sie sind als Betrachtungen zur Kunst zu verstehen.

Die Kunst konkretisiert, fixiert, drückt den Geist der Epoche aus, zu der sie gehört.

Wir leben in einer großartigen Zeit, die zu wenig verstanden und häufig missverstanden, zu wenig anerkannt, sondern verkannt ist und vor allem mit Künstlern kämpft, die in ihr ihre Kunst verwurzeln sollten.

Die „KOMMENTARE“ werden versuchen, diese Frage zu erläutern, die erworbenen Werte zu fixieren und die Prinzipien der Avantgarde klar darzulegen. In allen Bereichen des Lebens findet eine gewaltige Umwälzung statt; ein neuer Gesellschaftsvertrag wird dieses Leben bestimmen.

Die Kunst bildet das endgültige Monument eines Zeitalters.

Die vorliegenden „KOMMENTARE“ versuchen den aktuellen Zustand der Kunst zu definieren.

Die Malerei als die weniger bestrafte Kunst des Zeitalters hat uns als Beispiel gedient.

Dieses Buch wurde von Malern, aber nicht ausschließlich für Maler geschrieben: Die Kunst interessiert nicht nur sie allein. Es ist wünschenswert, dass die Künstler endlich die Tür zu ihren Zirkeln öffnen; für sie wäre es eine größere Gefahr, wenn sie sich künftig dort einsperrten; das Zeitalter wird so klar und so stark ausgerichtet sein, dass es nicht zögern wird, das auszulöschen, was sich ihm nicht assimilieren kann.

I

WO DIE MALEREI STEHT

„Der Niedergang ist entstanden mit der Möglichkeit etwas zu machen, mit der Trägheit es gut zu machen, mit der Übersättigung am Schönen und dem Geschmack am Bizarren".
Voltaire

Der Krieg ist beendet, alles organisiert sich, alles klärt sich, alles reinigt sich; die Fabriken erheben sich, nichts ist jetzt mehr wie es vor dem Krieg war: Der große Wettbewerb hat alles erprobt, er hat den altersschwachen Methoden den Garaus gemacht und an deren Stelle die gesetzt, die der Kampf als die Besten erprobt hat.

Bestätigt dies die zeitgenössische Kunst?

Man kann nicht erkennen, dass der Krieg dort etwas verändert hat; die Geschichte beweist jedoch, dass die Kunst, die ihr Zeitalter überlebt, als wahre Kunst in ihrer Zeit verwurzelt ist.

Die zeitgenössische Kunst, die die Kunst der Avantgarde war, ist nicht mehr als eine Nachhutskunst der Vorkriegszeit, die Kunst einer verspielten Gesellschaft; die Kunst vor der großen Prüfung war nicht lebendig genug, die Untätigen zu beleben oder die Aktiven zu interessieren. Diese Gesellschaft langweilte sich, weil die Ausrichtung des Lebens zu unsicher war, weil keine große kollektive Strömung diejenigen zur Arbeit mit sich riss, die arbeiten mussten, noch die zur Arbeit bewegte, die es sich leisten konnten, nicht zu arbeiten. Ein Zeitalter der Streiks, der Forderungen und der Proteste, in dem die Kunst selbst nichts war als eine Kunst des Protestes.

Diese drückenden und leichtsinnigen Zeiten sind vorbei.

VOR DEM KUBISMUS

Die letzte Kunstschule war die des Kubismus.

Er war gut in seinem Zeitalter, diese unklare Kunst eines trüben Zeitalters; nicht ohne Gewinn hat er eine Verwirrung plastisch sichtbar werden lassen; er verkörperte so perfekt sein Zeitalter, dass er dafür eine wichtige Stelle in den Museen einnehmen wird. Kann aber diese Kunst, die einzige, die heute immer noch zählt, diejenige von morgen sein?

Nun leuchten Ordnung und Reinheit und geben dem Leben Orientierung; diese Orientierung wird das Leben von morgen zu einem grundsätzlich anderen Leben machen, als es das Leben von heute ist. So sehr dieses trüb und unbestimmt in seinem Verlauf war, so sehr ist dieses, das beginnt von jenem sich zu unterscheiden, klar und sauber. Das II. Kapitel wird zeigen, wie es sein wird.

Kann der Kubismus die Kunst von morgen sein? Es wird sich weiter unten zeigen, weshalb daran schwer geglaubt werden kann.

Während der Kubismus triumphiert, empfiehlt es sich, seinen tatsächlichen Beitrag in der Plastik zu studieren; um ihn zu bestimmen, prüfen wir den Stand der Malerei um 1908[1], den Zeitpunkt als Derain[2], Braque und Picasso ihre ersten Werke ausstellten.

Ingres hat die seit Poussin und Gréco verlorene „Deformation" wiederentdeckt;

Courbet hat die verkannte „Freiheit" des „Sujets" bekräftigt;

Cézanne hat die seit Chardin vergessene „Monumentalität" wiederentdeckt;

Seurat und Signac haben das seit Claude Lorrain vergessene „Licht" wiederentdeckt;

Matisse hat die seit Tintoretto vergessene „Phantasie" wiederentdeckt[3].

---

1 Man erinnere sich an die Zerrissenheit der Gesellschaft in dieser Epoche.

2 Es ist Derain, ein guter Künstler, der als erster den Kubismus verkündete; er hielt sich aber weit weg von seinen Exzessen; darüberhinaus sei ihm hier die Achtung entgegengebracht, die man ihm schuldet; in dieser Studie wird keine weitere Frage zu ihm gestellt werden. Er besitzt keine Theorie; seine Werke zeichnen sich mehr durch einen bestimmten Archaismus aus als durch die Zugehörigkeit zur kubistischen Schule.

3 Hier ist nicht der Ort unter den Vorläufern den Zollbeamten Rousseau aufzuzählen, einen der schönen Maler der Epoche; seine Kunst ist rein traditionell.

Sehr klar tritt im Werk dieser großen Vorgänger hervor, dass das Sujet unter die Vormundschaft der reinen plastischen Form gestellt wird: Dies ist die Charakteristik großer Kunst.

Alle haben sie überreichlich die Gleichgültigkeit des Sujets klar gemacht, das nicht mehr als eine Anekdote darstellt; das heißt, dass die wesentliche Bedingung großer, plastischer Kunst nicht in der *Imitation*, sondern in der *Qualität der Wirkungen des Stoffs* liegt. Anders formuliert, dass die sichtbaren Objekte oder ihre Elemente zur plastischen Kunst kraft ihrer physischen Eigenschaften zählen, ihren Konflikten und ihren Akkorden, von welchem Thema sie auch immer herrühren.

Die Kubisten haben dies gut verstanden und man muss ihnen dafür dankbar sein.

Diejenigen, welche diese elementare Wahrheit nicht akzeptieren, verleugnen zwangsläufig jede große Kunst.

DER KUBISMUS[4]

Die Ideen einer Schule stammen vor allem von ihren Anführern; man darf aber auch die ihrer Schüler nicht vergessen: Auch wenn diese die der Meister in der Regel verschlechtern, so präzisieren sie manchmal jene; in jedem Fall sind es die Ideen der Meister, die, mit den Ideen ihrer Schüler verbunden, das konstituieren, was man eine Schule nennt. Die Nützlichkeit der Schüler besteht weiter darin, die Formen der Meister zu erschöpfen, die Entgleisungen zu steigern und sie schnell als unerträglich abzugeben; so stellen sie die Freiheit wieder her, die die Meister in Ketten gelegt haben.

Man muss also eine Bilanz eröffnen.

4 Worüber man sich unter dem Namen der kubistischen Schule verständigt hat, vereinigt eine große Zahl von Künstlern von unterschiedlichem Wert; einige scheinen ihn demnächst verlassen zu müssen, aber sie sehen so aus, als orientierten sie sich an einer integralen Imitation, dem Naturalismus oder der Untersuchung des Dekorativen, was ein Rückschritt wäre. Picasso selbst fertigt erneut häufig naturalistische Zeichnungen.

DER KUBISMUS UND DIE ÖFFENTLICHE MEINUNG (DIE OPPOSITION)

Ein Geschrei begrüßte die ersten kubistischen Bilder; von den einen wurden sie verunglimpft, von den anderen beweihräuchert, je nachdem ob sie als Sabotage in Form eines Streiks oder einer beispiellosen Revolution in der Geschichte der plastischen Kunst erschienen.

Was hat eine derartige Empörung oder Beweihräucherung gerechtfertigt?

Zur Unterscheidung nehmen wir einige der häufigsten Kritiken, mit denen man den Kubismus belasten wollte; so wie die Reaktion immer nur eine Folge der Aktion ist, so wird das Studium dieser Kritiken den besseren Prüfstein liefern. Die vier prinzipiellen Kritiken beziehen sich auf:

das Nicht-Repräsentative, die Obskurität, die Unrichtigkeit der Titel, die vierte Dimension.

DAS NICHT-REPRÄSENTATIVE

Man wirft den kubistischen Bildern vor, sie würden nichts darstellen. Wir haben die Gleichgültigkeit der alten Meister bezüglich des Sujets gesehen und die Vorherrschaft, die sie dem rein Plastischen gegeben haben: Breughel, Gréco, Poussin, Claude Lorrain, Chardin, Ingres, um nur einige anzuführen, demonstrieren konstant die erste Wahrheit, welche man wie folgt aussprechen kann: *Notwendigkeit der Vorherrschaft des Plastischen vor dem Deskriptiven.*

Es ist offensichtlich nicht der Kubismus, der diese Wahrheit entdeckte. Die Vorläufer, von denen wir sprechen, rückten das Narrative an die zweite Stelle; die Kubisten rückten es nochmals weiter weg und wollten es gerne, falls die Sache es erlaubt, ganz eliminieren. In Wirklichkeit sind sie unter den modernen plastischen Künstlern diejenigen, die auf diesem Weg, den sie zwar nicht entdeckt haben, dessen Bedeutung sie aber gut verstanden haben, so weit wie möglich gegangen sind.

Um das Problem gut zu durchleuchten, stellen wir folgende Fragen: Sind die Kubisten die ersten, die nichtnarrative Bilder gemalt haben? Nein, die Kubisten haben nicht als erste nichtnarrative Bilder gemalt; wir werden das darstellen.

Wie unterscheidet sich die Ästhetik eines Teppichs von der eines kubistischen Bildes?

Es gibt keinen Unterschied zwischen der Ästhetik eines Teppichs und der eines kubistischen Bildes.

Gab es etwa mit diesem Sujet einen Skandal?

Trotz ihrer Theorien haben die Kubisten einfach Bilder gemalt, die wie Teppiche mit Elementen komponiert sind, die aus der Natur stammen und getrennt von ihr betrachtet werden. Das hat man seit jeher so gemacht. Die Verwendung getrennt betrachteter Elemente, selbst von der menschlichen Gestalt, außerhalb jeder narrativen Repräsentation, rein wegen ihrer plastischen, formellen, farbigen oder linearen Qualitäten, ist nicht neu: Die Mykener, die Orientalen und die Afrikaner haben dies immer so gemacht. Diese Ideen und diese Praktiken, das steht fest, sind nichts Neues. Der Kubismus hat nichts anderes gemacht, als einem sehr alten System, dem ältesten von allen, der ornamentalen Ästhetik, wieder Ehre in der Malerei zu verleihen. Er hat bestätigt, dass man nichtnarrative Tafelbilder anfertigen kann und er hat sich innerhalb dieses Systems bewegt[5].

DIE OBSKURITÄT

Man hat die Bilder der Kubisten als obskur eingestuft. Viele, das ist wahr, sind obskur. Aber man hat sich über die Gründe dieser Obskurität getäuscht. Man hat geglaubt, dass das kubistische Bild obskur ist, weil es nichts repräsentiert; dies ist ein Irrtum: Ein Teppich ist nicht obskur, wenn er schön ist; er ist gut entworfen, gleichwohl er nichts repräsentiert.

Überdies sind die gut entworfenen kubistischen Bilder nicht obskur; sie sind schön, weil sie schön entworfen sind; sie sind schön

5 Es wird weiter unten erforscht werden, ob die große Kunst eine derartige Enthaltsamkeit bestätigt.

in der Art und Weise und nach dem Maß von Teppichen, das ist alles. Viele kubistische Bilder sind ganz einfach deshalb obskur, weil sie schlecht entworfen sind. Ein gutes kubistisches Bild ist nicht obskur. Die Frage würde sich nicht stellen, wenn man es betrachtete, wie es richtig ist, nämlich wie einen Teppich.

DIE UNRICHTIGKEIT DER TITEL

Man hat den Kubisten den Vorwurf gemacht, dass sie ihre Werke mit bizarren Titeln ausgestattet haben und dies häufig ohne wirklichen Bezug zum Bild.

Es ist offenbar, dass einige dieser Titel gewählt wurden, um „den Bourgeois zu entrüsten"; das mangelt zwar an Ernsthaftigkeit, wäre aber verzeihlich, wären es nicht diese Titel, die manchmal lächerlich, beinahe aber immer ungeeignet sind, da sie eine Art Mysterium über die Absicht des Bildes erzeugen. Sie tragen etwas zum Missverständnis bei, über welches weiter unten gesprochen werden wird. Im Resultat ist dies eine Krankheit, die sich nicht nur bei der interessierten Öffentlichkeit zeigt, sondern in gleicher Weise bei den Künstlern, insbesondere bei den Jungen, die nicht an ihren guten Willen und ihre Aufrichtigkeit glauben können, wenn die Älteren, die sie bewundern und ihnen häufig einen Grund zur Bewunderung geben, sich zu dieser Leichtfertigkeit hinreißen lassen oder diese Unrichtigkeit zulassen.

DIE VIERTE DIMENSION

Der Einwand gegenüber der vierten Dimension zeigt bei sorgfältiger Reflexion nur die billigen Hypothesen der Theoretiker des Kubismus[6]; diese Hypothese ist außerhalb jeglicher plastischen Wirklichkeit. Da sie in der Malerei nicht herstellbar ist, vermehrt sie nur das Missverständnis.

Hier also kurz und bündig, warum es absurd ist zu behaupten, es

6 „Wenn man wünschte, den Raum der Maler an irgendeine Geometrie zu binden, so müsste man sich auf die Wissenschaftler der nichteuklidischen Geometrie beziehen, um über gewisse Theoreme von Riemann lange nachzusinnen." (DU CUBISME von Gleizes und Metzinger, veröffentlicht bei Figuière.)

ließen sich weitere Dimensionen darstellen als die, die wir mit unseren Sinnen wahrnehmen: Die dritte Dimension des wahrnehmbaren Raumes, genannt Tiefe, wurde durch gewisse Kubisten schlagartig zugunsten einer bestimmten vierten Dimension exkommuniziert, die durch eine oberflächliche Lektüre wissenschaftlicher Werke „erfunden" wurde. Man vergaß, dass die vierte Dimension der Mathematiker eine vollkommene spekulative Abstraktion ist, da sie zu den geometrischen Hypothesen gehört und ein wunderbares Spiel des Geistes zeigt; denkbar zwar, aber nicht darstellbar, ohne irgendeine materielle Basis zur wirklichen Welt, da die menschlichen Sinne nicht mehr als drei Dimensionen unterscheiden.

Es ist folglich an dieser Stelle auf die Gefahr für die Plastiker, die Architekten der Materie, hinzuweisen, die an oberflächlichen, wissenschaftlichen Spekulationen Gefallen finden. Die Natur konditioniert die Wissenschaft; Natur und Wissenschaft sind nicht trennbar; darüberhinaus wendet sich die Wissenschaft immer wieder der Natur zu. Die Gesetze der Natur zwingen zu einer strengen Aufmerksamkeit. Die Kubisten wollen die wachsende Bedeutung der Wissenschaft vorausgeahnt haben. Sie hätten sich aus diesem Grund einem rigorosen Studium der Natur ergeben; es muss aber festgestellt werden, dass ihre Absichten willensschwach geblieben sind. Ein guter Teil der Obskurität, die man ihren Werken vorwirft, stammt daher, dass sie Absichten zum Ausdruck gebracht haben, ohne sie in ihren Werken zu realisieren; man kann das nicht Realisierbare nicht realisieren; es gibt einen Widerspruch zwischen der Absicht und der Realität des kubistischen Bildes.

KRITIK DES KUBISMUS

Man sieht, dass die „Nicht-Repräsentation" kein neues, plastisches Ausdrucksmittel ist, sondern im Gegenteil ein antikes Ausdrucksmittel, so wie die Tatsache, eine ornamentale Kunst anstelle der Malerei anzubieten, an sich nichts besitzt, was eine Revolution hervorbringen könnte. Es ist schlicht absurd zu glauben, solche Kunst sei transzendental. Es gibt hier nichts, das das Epitheton „revolutionär" lobend oder abwertend rechtfertigen würde.

Die Kubisten sind einer antiken Tradition gefolgt und sie haben ihr übertriebene Möglichkeiten unterstellt; sie haben nicht aufgehört, wie traditionelle Ornamentiker zu handeln: Wird man ihnen vorwerfen, *zu* traditionell zu sein?

Man muss den Kubisten dankbar dafür sein, so weit in ihrem Irrtum gegangen zu sein: Solange es keinem Mensch gelungen war, den Nordpol zu erreichen, war es berechtigt, dies zu versuchen; man weiß heute, dass es dort nichts als eine Eiswüste gibt; das Verlangen dorthin zurückzukehren, wäre eine sinnlose Phantasie. Die Kubisten haben eine analoge Reise unternommen; sie werden diese denen ersparen, die sorgfältig darüber nachdenken werden, zu diesem unfruchtbaren Land aufzubrechen. Heilsame Fehler! Ihr Exzess zwingt selbst diejenigen nachzudenken, die der Kunst verpflichtet sind, vor allem aber die, die sich wünschen, eine fruchtbare Kunst zu schaffen; eine Krise besitzt nur zwei Ausgänge: Das Heilmittel finden oder zugrunde gehen. Man muss die sicheren Grundlagen einer fruchtbaren Kunst suchen.

Es versteht sich von selbst, dass die kubistischen Bilder köstliche Sinneseindrücke denen zuführen, die einen Augenzauber suchen. Wir wollen ihre Lage in der Hierarchie der Künste bestimmen; denn wir werden sehen, dass es eine Hierarchie in den Künsten gibt.

M. Coquiot schreibt, dass die guten, die wahren jungen Maler „einfach lieben zu singen und sich an Farben zu berauschen“. Das ist wahr. Aber erschöpft eine Kunst ihre Möglichkeiten, wie groß sie auch sein mag, die nur das Vergnügen sucht?

Eine Kunst, die nur zu liebkosen weiß, ist eine Kunst des Vergnügens, gleich demjenigen bei Brillat-Savarin.

Man protestiert?

Gibt es also eine Hierarchie der Sinne?

Rohe Sinneswahrnehmungen befinden sich auf demselben Niveau.

Die Kochkunst steht nicht auf gleicher Stufe mit großer Malerei, aber sie gleicht jeder Kunst, deren Ziel nur eine Schmeichelei der Sinne ist; Schmeichelei der Sinne, Kochkunst und visuelles Vergnügen sind auf dem gleichen Niveau.

War sie folglich höher stehend, als man sie sich vorstellt, die berühmte „Peinture Pure“?

„Peinture Pure“, das ist das Ornamentale, das ist die Realität, so schmerzhaft sie auch erscheinen mag; eine puristische Malerei zu machen – das bedeutet nicht eine pure Kunst zu machen; die eine ist nichts als das unscheinbare Ausdrucksmittel der anderen.

Man kann die gute Küche lieben. Sie ist ein erfreuliches Ornament des Lebens.

In jedem Fall muss man erkennen, dass die Rückkehr zu den *Elementen* der Kunst, der einfachen Wahrnehmung – von der Art der puren Form und der puren Farbe, notwendig war. Es gab zu viel Literatur in der Malerei; aber man darf das Mittel nicht für das Ziel halten. Das Werkzeug liegt bereit: Mit der Verwendung roher Elemente muss man Werke konstruieren, die den Intellekt anregen: Es ist diese Reaktion, die zählt.

Wir fassen zusammen:
Es ist bewiesen, dass nur die reine, rohe Wahrnehmung das Ausdrucksmittel großer Kunst ist; wir lassen eine Hierarchie der Künste zu:
Reine Wahrnehmung: ornamentale Kunst
Organisation roher Wahrnehmungen –
Farben und reine Formen – : höhere Kunst.

Wir glauben, um zum Kubismus zurückzukehren, ihn vom Vorwurf der Obskurität gereinigt zu haben, indem wir festlegten, dass diese Obskurität, um die Wahrheit zu sagen, nicht im Bild, sondern im Geist des Betrachters lag; die Krankheit besitzt ihren Ursprung in einem Irrtum, der darin besteht, in der Betrachtung etwas zu suchen, was das kubistische Bild nicht ausdrücken kann; der Fehler liegt in den Versprechungen seiner Theoretiker, die uns etwas angekündigt haben, was der Kubismus offensichtlich nicht einlösen kann und wofür er offensichtlich ungeeignet ist.

Gereinigt von seinen theoretischen Ambitionen, die schlecht begründet und nicht realisierbar sind, wird der Kubismus wieder auf seinen wahren Platz gestellt (dem der ornamentalen Kunst); es ist statthaft, seine Werke auf eine angemessene Weise zu betrachten, also so, wie man einen Teppich betrachtet: Diese Kunst erscheint uns dann wahrhaft köstlich.

DER KUBISMUS UND DIE MEINUNG (DER TRIUMPH)

Wir haben gesehen, wie feindlich die Meinung gegenüber dem Kubismus während seiner Anfänge war; sie wird jetzt eher günstig. Der Kubismus wurde angegriffen, weil er nicht verstanden wurde. Ist es jetzt besser, da man ihn akzeptiert?

Ein gefährlicher Zeitpunkt für diese Kunst, von der man glaubte, dass sie als Kunst in einem Kreis von Gleichgesinnten verbleibt!

Die „Öffentlichkeit", deren Gewohnheit seit der Romantik darin besteht, sich lächerlich zu machen, besitzt einen rührend guten Willen.

Wenn der Kubismus von der Öffentlichkeit akzeptiert wird, versteht sie ihn denn?

Man sieht nicht, dass er adoptiert wurde wie die hässlichen kleinen chinesischen Hunde, weil man müde ist, über ihn zu diskutieren, weil er bizarr erscheint, weil nach der „*Parade*" am Ballett Russe gewisse Salons ihn zum guten Ton erklären und weil man nicht als Kulturbanause dastehen will.

Man versteht ihn nicht, man genießt ihn nicht richtig, weil man ihm Absichten zuschreibt, welche er materiell nicht realisieren kann.

Man preist ihn für seine Fehler und man rügt ihn für seine Qualitäten. Das snobistische Publikum, das den guten Ton angibt, genießt ein Mysterium in ihm, das es dort nicht wirklich gibt, und es rügt das, was dort tatsächlich ist. Was für ein Missverständnis!

Man preist ihn, weil man in ihm etwas ungemein Revolutionäres erkennt, etwas, das völlig verschieden ist von dem, was man bislang gesehen hat: Haben alle diese Menschen etwa noch nie einen Orientteppich gesehen?

Man macht diese ornamentale Kunst – einfache Bilder von guten dekorativen Malern, verliebt in Formen und Farben – zu einem Objekt einer abstrusen Religion: Hat niemand jemals die Auslage eines Farbenhändlers gesehen?

Das Einzigartige ist, dass die Kubisten, die ständig hören, dass man in ihren Bildern derart viele Absichten findet, an die sie nie gedacht haben, schließlich die Dinge nicht mehr vollkommen klar sehen und so dazu neigen, dieses Rätsel der wunderbaren Fruchtbarkeit dem Kubismus zuschreiben.

Der moderne Geist zeigt sich nicht in der zeitgenössischen Kunst.

II

WO BEFINDET SICH DAS MODERNE LEBEN

„...und überall Urteilsvermögen.“
Poussin

Die Natur beherrscht mit ihren Gesetzen unser Denken; unsere Sinne sind ihr unterworfen. Sie ist der Urteilsgrund aller denkbaren Werte unseres Verstandes.

Man täusche sich nicht darüber: Der Geist ist vielleicht noch nie so beständig mit ihr in Kontakt gewesen wie in dieser Epoche wissenschaftlicher Forschung. Der Wissenschaftler lebt mit den Elementen; er stellt mit seiner Intuition Hypothesen auf, die über die gewöhnlichen Vorstellungen hinausgehen; mit der Analyse verifiziert er sie und etabliert die Gesetze, welche die „Enthüllungen“ ersetzen. Das Poem drückt eine individuelle Sensibilität aus, das Gesetz aber besitzt eine Kraft, die uns belebt, uns wachsen lässt, uns erhebt und uns eine neue Amplitude gibt. Die Quellen der Natur sind um so viel reichhaltiger, fruchtbarer, unbegrenzter als die phantastischen Universen, die den Romantikern und den Schwachen, gebaut nach ihrem menschlichen Maß, teuer sind.

Die Erforschung der Gesetze liefert den Schlüssel der Harmonien.

DER MODERNE GEIST

Wo befindet sich das moderne Leben?

Das neunzehnte Jahrhundert gab uns die Maschine.

Während die Maschine die Arbeit revolutioniert, sät sie die Keime der großen sozialen Veränderungen; indem sie vom Geist andere Bedingungen einfordert, bereitet sie ihm eine neue Orientierung.

Früher schuf jeder Mensch frei sein Werk von A bis Z, er hing an ihm und liebte es wie sein Geschöpf; er liebte seine Arbeit. Heute, so muss eingestanden werden, verbirgt die durch die Maschine auferlegte Serienproduktion dem Arbeiter mehr oder weniger das Ergebnis seiner Bemühungen. Dennoch besitzen die hergestellten Produkte durch die Schönheit des rigorosen Programms der modernen Fabrik eine derartige Perfektion, dass sie den Arbeitergruppen einen kollektiven Stolz verleihen. Der Arbeiter, der nur ein Einzelteil ausgeführt hat, ergreift nun ein Interesse an seiner Arbeit; die Maschinen, die den Boden der Fabriken bedecken, erlauben es ihm, Macht und Klarheit wahrzunehmen, und sie machen ihn zu einem Teil dieses Werks der Perfektion, nach welchem sein einfacher Geist nicht gewagt hätte zu streben. Dieser kollektive Stolz ersetzt den antiken Geist des Handwerkers, da er ihn zu allgemeineren Ideen erhebt. Diese Transformation führt einen Fortschritt herbei; sie ist eine der wichtigen Faktoren des modernen Lebens.

Die aktuelle Evolution der Arbeit führt über die Nützlichkeit zur Synthese und Ordnung.

Man hat dies als „Taylorismus“ in einem abwertenden Sinne bezeichnet. Um die Wahrheit zu sagen, ging es um nichts anderes, als mit Intelligenz die wissenschaftlichen Entdeckungen umzusetzen.

Der Instinkt, das Herumtappen, der Empirismus wurden durch die wissenschaftlichen Prinzipien der Analyse, durch Organisation und Klassifikation ersetzt.

Weniger als fünfzig Jahre sind seit der Geburt der Industrie vergangen. Seitdem wurden gewaltige Werke realisiert, im Rückblick mit unerwarteter Vielfalt, deren Bedeutung man noch nicht ermessen kann. Sie erweitern die Grenzen, die bis hierher für den Menschen gesetzt waren. Sie bringen uns die Wahrnehmung einer klaren, leichten, allgemeingültigen Schönheit. Niemals seit Perikles ist das Denken so luzide gewesen.[7]

Konstruktionen eines neuen Geistes entstehen überall als Keimzellen einer kommenden Architektur; es herrscht dort bereits eine Harmonie, deren Elemente nach einer gewissen Strenge aus Respekt und Anwendung von Gesetzen angeordnet sind. Eine Klarheit, die eine klar formulierte Absicht erkennen lässt. Die Brücken, die Fabriken, die Staudämme und all die gigantischen Werke tragen die lebenden Keime einer Entwicklung in sich. In diesen nützlichen Werken drückt sich eine römische Größe aus.

Die Architektur hat seit hundert Jahren den Sinn ihres Auftrags

7 Diese Frage wird in einer der nächsten Folge der „KOMMENTARE“ erläutert.

vergessen; sie ist nichts als eine dekorative Kunst auf einem unteren Niveau. Sie bietet uns nichts weiter als unbedeutende Dekorationen, die den Organismus eines Bauwerks besudeln, vorausgesetzt dieser Organismus existiert noch. Die Situation der Architektur ist aber noch viel ernster; sie ist dazu bestimmt, ein Haus als lebendigen Organismus auszubilden, der vor allem eine Antwort auf nützliche Ziele gibt und erst in der Folge nobilitiert wird, vorausgesetzt die Bequemlichkeit lässt dies zu. Die Architektur hat vollkommen den Sinn dieses Auftrags vergessen; mit einer schulgemäßen und senilen Tugend gibt sie sich heute damit zufrieden, Paläste mit Girlanden zu schmücken oder die strengeren „Mietskästen“ mit aus Handbüchern entlehnten, kraftlosen Exkrementen.

Die Architektur wäre tot (die Ecole hat sie umgebracht), wenn sie nicht durch einen glücklichen Umweg ihren Weg gefunden hätte: Die Architektur ist nicht tot, weil ihr die Ingenieure und die Konstrukteure ihre ernste Bestimmung mit einer ermutigenden Vielstimmigkeit wiedergegeben haben.

Die Vororte der Städte, die ein durchgängiges Chaos sind, wo man aber zu unterscheiden wissen muss, zeigen uns Fabriken, in denen die Klarheit der Prinzipien, die ihre Konstruktion bestimmt, eine sichere Harmonie verwirklicht, die uns eine Nähe zur Schönheit zeigt. Der Stahlbeton, die jüngste konstruktive Technik, erlaubt zum ersten Mal die rigorose Verwirklichung des statischen Systems; die Zahl, welche der Grund jeder Schönheit ist, kann von jetzt an ihren Ausdruck finden.

Bereits die Maschinen haben sich aus dem gleichen Grund mit ihrer Konditionierung durch die Zahl viel schneller entwickelt und erreichen heute eine bemerkenswerte Reinheit. Diese Reinheit schafft in uns eine neue Empfindung, einen neuen Genuss, dessen Stärke die Reflexion hervorruft; sie ist ein neuer Faktor in der modernen Konzeption von Kunst.

Man bleibt nicht unberührt angesichts der Intelligenz, die bestimmte Maschinen regiert, angesichts der Proportion ihrer Organe, die konsequent durch Berechnungen festgelegt wurden, angesichts der Präzision in der Ausführung ihrer Elemente, der überzeugenden Schönheit ihrer Materialien, der Sicherheit ihrer Bewegungen; sie erscheinen wie eine Projektion der Naturgesetze.

Die Hallen, welche sie beherbergen, sind Gefäße von phrasenloser Reinheit. Die Bauwerke der Fabriken präsentieren mit ihrer großen ausdrucksstarken Ordnung ihre ruhigen Massen; die Ordnung regiert, weil nichts der Phantasie überlassen wurde.

All dies ist auf dem Weg der Realisierung wie bei den Griechen, die, vertraut mit diesem Geist, sich auf ihn bezogen, ihn aber aus Mangel an Methoden und passender Mittel, welche die moderne Industrie bietet, niemals realisieren konnten. Wir haben heute die Konstrukteure. Wenn wir heute unseren Pont du Gard haben, so werden wir auch unseren Parthenon haben. Unsere Epoche ist besser ausgestattet, als die des Perikles, um das Ideal der Perfektion zu realisieren.

DIE UNSICHERHEITEN DER AKTUELLEN KUNST

Die „Kunst" (aktuelle Bedeutung) ist beinahe vollkommen fremd gegenüber dem modernen Geist. Stellen wir uns die modernste Kunst vor, die einzige, die dieser Aufmerksamkeit würdig ist, den Kubismus, in dieser Atmosphäre von Wissenschaft und Industrie: Der Missklang ist schlagend. Es ist wie eine Änderung des Programms. Und das modernste Programm wird nicht von der Kunst besetzt. Wechselte etwa jemand nebenbei das Programm, wenn er von der Stadt zur Akropolis ging? Nein, weil Phidias und Iktinos Künstler ihrer Zeit sind. Der Kubist ist kein Künstler, der unsere Zeit repräsentiert.

Man hat festgestellt, dass die Künstler wenig zu den bereits modernen, klaren, harmonischen und schönen Werken beitragen; nachdem man weiter gesehen hat, was Kunst heute ist, erschreckt man über die mediokre Stellung, die sie einnimmt. Besteht die Ursache hierfür nicht in ihrer Unentschiedenheit gegenüber dem modernen Leben und ihrer Isoliertheit? Und kann man nicht diese Behauptung riskieren: Die moderne Kunst ist überall anders als in den Ateliers der Maler, der Dekorateure, überall anders als in den Büros der Architekten. Die aktuelle Kunst wird von Leuten gemacht, die außerhalb ihrer Zeit leben oder die sie nicht berühren, es sei denn durch die Mode.

Verschwindet die Kunst? Sie kann in gewissen trüben Epochen

in den Hintergrund treten und den Kontakt verlieren. Wir aber gehen einer Epoche entgegen, in der die Kunst ihre Bestimmungen zurückerhalten kann.

Warum hat sie den Kontakt verloren?

Bis zur Romantik lebten die Künstler in ihrer Zeit; die Romantiker brachen den Kontakt ab, da sie sich wie abgetrennt betrachteten, außerhalb der Epoche stehend. Das mag vielleicht in dieser Periode der Regression motiviert gewesen sein, eine derartige Haltung ist heute nicht mehr gerechtfertigt. Nun, die aktuellen Künstler halten sich größtenteils weit entfernt vom Zeitgeist auf; sie leiden an ihm oder tolerieren ihn wenig. Sie leben unter „Eingeweihten", sie verlassen nur für einen Moment ihren Zirkel, um zu den „closeries", den „rotondes", den Salons, den Theatern, den Ausstellungen, den Künstlermeetings zu gehen; dadurch berühren sie das moderne Leben nicht, es sei denn das, was artifiziell an ihm ist. Ihre glühenden Verehrer bewundern sie, weil sie sie als besondere Wesen betrachten, überragend, bizarr, außerhalb der Norm. Einige sind unmissverständlich feindlich gegenüber der Epoche eingestellt; die anderen, die ihre Rolle in der Gesellschaft besser wahrnehmen, suchen die Übereinstimmung; dennoch streben sie vor allem danach, ihre „Originalität" zu bewahren; man könnte sogar annehmen, dass es der Wunsch nach Erneuerung dieser Originalität ist, welcher sie dazu verleitet, im Modernismus vor allem das zu suchen, was noch unbekannt ist. Man singt, man schreibt, man malt moderne Objekte; man glaubt modern zu sein und Kontakt mit seiner Zeit aufzunehmen. Man malt die Ozeandampfer, die Zugwaggons, die Nord-Süd-Metro, indem man nur das berücksichtigt, was malerisch, romantisch und zufällig ist.

Das ist nicht alles. Es gibt in der Struktur eines Ozeandampfers eine organische Schönheit; dieser gegenüber ist man gleichgültig; aber nun bringt der Krieg uns plötzlich die getarnten Boote, die sofort zum unverhofften Thema einer „Erneuerung des Sujets" und der „Originalität der Vision" werden! Arme herrliche Boote, von einer wunderbar ausbalancierten Struktur, von einer umfangreichen Architektur, blank und klar unter ihrem reinen Lack. Man bewundert sie wegen ihrer Tarnung, wenn sie verzerrt, fröhlich, einstürzend in die umgebende Landschaft, nicht erkennbar sind, ähnlich der Papphöhle von Hagenbecks Eisbären in der Ausstattung eines Schießstandes; man trifft sich wieder in der „*Parade*"; man findet dort die leichte Unterhaltung, das leichte Dekor, die leichte Arabeske, all das, was die Schönheit vernichtet!

Die Erneuerung des Sujets erneuert nicht die Malerei; sie ist nichts anderes als die bekannte Variation über ein neues Thema, mit welchem sie sich durch die offensichtliche Eigenartigkeit des Themas hervortut. Dies ist kein Fortschritt, dies ist nichts anderes als eine weitere Form des Naturalismus oder des Impressionismus unter der Tarnung des Kubismus.

Es gibt heute zweifellos Unsicherheiten in der Kunst.

Die aktuellen Techniken der Malerei sind schwach; derselbe Makel betrifft alle Künste.

Man versteht die Dinge nur so gut, wie man sie realisieren kann. Man begreift nur das klar, was man perfekt ausführen kann. Die Unzulänglichkeit der aktuellen Technik besteht weitgehend in der Schwäche der Konzeption. Der Mechanismus des Geistes erstellt früh eine Begrenzung der Konzeption nach dem Umfang seiner Realisierungsmöglichkeiten. Der Geist desjenigen aber, der die Anwendung der großen technischen Mittel beherrscht, ist fähig, die Dinge frei aufzufassen.

Wir wissen sehr wohl, dass die Konzeption nicht das Privileg der Techniker ist. Wir glauben ferner, dass die Nichttechniker sehr wohl auf einem sehr hohen Niveau etwas zu konzipieren vermögen; dies ist nur ein Beleg für das Hemmnis, das ein schwaches Metier zu einer Konzeption beitragen kann; man wird folglich daraus die Notwendigkeit ableiten, frei von jedem technischen Hemmnis zu sein. Dies ist nur natürlich, aber nicht evident in der Welt der Malerei, die nach den „Fauves" die vollständigste Verachtung gegenüber der Technik bekundet und betont, es sei für diese seit eh und je ausreichend, die Gedanken des Genies auszudrücken. Aber nein, das Genie hat zu allen Zeiten die furchtbaren Schwierigkeiten der Technik berücksichtigt. Die „Fauves" verneinen dies: Ihre Bilder besitzen tatsächlich eine schwache Technik; ihre Konzeption lässt nichts anderes zu; diese Mode ist bereits vorüber. Die Kubisten haben dies manchmal wahrgenommen und haben versucht darauf zu reagieren.

Man wird ferner einwenden, dass die Kinder, deren Technik rudimentär ist, charmante Zeichnungen fertigen; man vergleicht diese Zeichnungen häufig mit den Werken offenkundiger Künstler. Nun stellt man fest, dass, wenn die gleichen Kinder sich vornehmen zu lernen, der Charme aus ihren Zeichnungen verschwindet. Es gab eine solche Begeisterung in den französischen Schulen über die neuen Unterrichtsmethoden im Zeichnen, die diese „Blüte“ bewahren sollen. Dabei ist man in die erstaunliche Situation gelangt, in der die Lehrer sich verpflichtet sehen, ihre Schüler am Lernen zu hindern. Die Akademien erreichen keine anderen Ergebnisse.

Unzweifelhaft gibt es heute Unsicherheiten in der Kunst.

Eine singuläre Konsequenz der Liebe nach Neuem ist die Einführung afrikanischer Formen in die Malerei. Wie sehr mangelt es einer Kunst an Schwung, die Archaismen wie eine neue Würze verwendet! Sicherlich, die afrikanischen Formen sind rein, aber wie alle puren Formen übermitteln sie exakt die Sensibilität ihrer Urheber. Wird man erlauben, dass dies unsere ist?

Die Kunst schlägt sich mit den Unzulänglichkeiten der Ästhetik herum, mit dem Zaudern in der Konzeption, mit der Schwäche in der Ausführung, mit der Betrügerei an sich selbst.

ZU EINER BEWUSSTEN KUNST

Nichts befugt uns anzunehmen, dass es eine Inkompatibilität von Wissenschaft und Kunst gibt. Die eine wie die andere Disziplin besitzt ihr Ziel darin, eine Gleichung des Universums aufzustellen, wie wir es im Kapitel III zeigen werden. Einzig ihre Techniken unterscheiden sich. Auf die gleiche Weise wie die Industrie sich mit der Wissenschaft konditioniert und nichts anderes macht, als die Ergebnisse der Wissenschaft zu realisieren, so muss sich auch die Kunst auf die Gesetze stützen: Wenn Poussin seine Sensibilität nicht überprüft hätte, wäre sein Werk nicht so klar, nicht so homogen und nicht so dauerhaft. Heute muss dies mehr denn je ein Kriterium sein.

Betrachten wir jetzt die Kunst, die das Objekt dieser Studie ist, so kann dieses Dilemma formuliert werden: Es steht fest, dass sich der Geist der Wissenschaft mehr und mehr entwickeln wird und mit ihm die Industrie. Entweder wird die Kunst mit ihr eine Epoche der Wissenschaft bilden und in ihrem aktuellen Zustand nicht weiterbestehen oder sie wird nicht diejenige einer Epoche der Wissenschaft sein und aufhören zu existieren. Denn alle Kunst, die aufhört Teil ihrer Epoche zu sein, stirbt.

Die Wissenschaft schreitet mit rigoroser Kraft voran. Der aktuelle Geist besitzt eine Tendenz zur Strenge, zur Präzision, zur besten Nutzung der Kräfte und des Materials, zum geringsten Abfall, zusammengefasst: eine Tendenz zur Reinheit.

Das ist auch die Definition der Kunst.

Die Kunst ist also damit beschäftigt, ihre Sprache wieder herzustellen, ein Bewusstsein über ihre Mittel zurückzugewinnen; der Naturalismus, der Impressionismus und der Kubismus haben sich von schlechten Angewohnheiten und verknöcherten Traditionen befreit. Es tut not, Werke zu schaffen, die wahrhaft von dieser Zeit sind.

Das am meisten Charakteristische unserer Epoche ist, das haben wir bereits gesagt, der industrielle, mechanische, wissenschaftliche Geist. Die Solidarität der Kunst mit diesem Geist muss weder dazu führen, eine Kunst nach der Art der Maschine noch bildliche Darstellungen von Maschinen herzustellen. Die Schlussfolgerung lautet anders: Die Geisteshaltung, die aus der Kenntnis der Maschinen herrührt, gibt tiefe Einblicke in die Materie und konsequenterweise in die Natur. Parallel zur Wissenschaft und zur industriellen Gesellschaft sind wir eine Kunst nach demselben Programm schuldig. Die Mittel von Wissenschaft und Kunst sind unterschiedlich; was die Verbindung zu beiden herstellt, ist die Gemeinsamkeit der Geisteshaltung. Also, vor allem weniger Individualismus, generell weniger verwirrte Empfindung, ausgedrückt mit mediokren Mitteln. Es ist bedauerlich, dass die Maler aus ihrer Zeit geflohen sind.

Niemals war eine Zeit *voller* als heute. Die Kunst muss aus ihrer Zeit hervorgehen; dann wird sie die Wissenschaft wieder mit der Avantgarde verbinden.

Das Wort „Wissenschaft“ ist für uns hier nur wie eine kurze Formel, die es uns erlaubt, eine der reinsten Absichten des modernen Geistes zu beschreiben; bis heute hat man in der Welt der Künstler die Wissenschaft wie den Geist verächtlich negiert und ignoriert;

und weil man sich dieses Schwunges enthielt, sinkt man ab. Man wird uns entgegen halten, dass Kunst ewig sei, Wissenschaft und Industrie dagegen vergänglich; die derzeitigen Maschinen werden durch bessere ersetzt werden, die wissenschaftlichen Prinzipien werden durch einige unerwartete Entdeckungen modifiziert werden, während nichts jemals Phidias ersetzen wird. Einverstanden; man muss daher die Wissenschaft als ein Element des modernen Geistes betrachten; Phidias zeigt präzise, wie der Geist im Zeitalter von Perikles beschaffen war.

Die rigorosen Fakten, die rigorosen bildlichen Darstellungen, die rigorosen und formalen Architekturen, so rein und einfach wie Maschinen sind.

Gesetze kennen keinen Zwang; sie sind das unausweichliche Gerüst, also unvermeidlich in allen Dingen. Ein Gerüst ist keine Fessel.

Genug der Spiele. Wir müssen nach einer ernsten Strenge streben.

III

DIE GESETZE

„Aber was ist am Ende ein
Gesetz? Solange man sich
damit begnügen wird, dieses
Wort an metaphysischen
Ideen festzumachen, wird
man fortfahren zu denken
ohne zu verstehen."
Jean-Jacques Rousseau

DIE GESETZE[8]

Wissenschaft und große Kunst besitzen als gemeinsames Ideal die Generalisierung, welche das höchste Ziel des Geistes ist. In Übereinstimmung mit den natürlichen Gesetzen verachten sie den Zufall. Die Analyse, welche die Basis darstellt, ist nur ein Mittel, um Kenntnis von den INVARIANTEN[9] zu erhalten, um ausgewählte Materialien gemäß der menschlichen Stimmgabel zu sammeln; aber die Analyse seziert, zerstückelt und beschädigt; sezieren bedeutet sich einer zusammenhängenden Sicht berauben; die Kunst muss dagegen verallgemeinern, um Schönheit zu erreichen.

Die Suche nach dem Allgemeinen hat nichts mit der Persönlichkeit zu tun, die sich ihr verschrieben hat; Pasteur, Newton oder Michelangelo haben sich keinen Moment lang Sorge um ihre zerbrechliche Persönlichkeit gemacht; in Erscheinung treten war nicht ihre erste Absicht.

---

8 Wir werden über das Universum sprechen, als sei der Mensch das Zentrum der Welt, da dieser in ihr nichts als das erkennt, was ihn seine Sinne wahrnehmen lassen; wir werden einräumen, dass die Welt ist, wie sie erscheint, was im Übrigen, ohne sicher zu sein, möglich ist; wir werden als Maler reden; „die Kunst für die Götter" ist ohne Bedeutung; wir werden einzig an dem festhalten, was der Kunst dienen kann.

9 Wir bezeichnen mit dem Wort „Invariante" einen mehr allgemeineren Sinn als es die Mathematiker tun.

Eine große, konstruktive Kunst wird notwendig ihren Ausgang mit der analytischen Auswahl und notwendig mit dem Material nehmen, das unsere menschlichen Sinne auswählen; aber indem man dies studiert, zeigt das Universum, dass dieser Zusammenschluss sich erheben wird über die primitiven und flüchtigen Kontingenzen und dass die Kunst ein Gesetz ausdrücken wird.

Mit dem Werk muss sich ein Gesetz zeigen.

Es ist das Gesetz, das den höchsten geistigen Genuss verursacht. Wir werden später erkennen, dass der rohe Sinneseindruck nur so viel an Wert besitzt, wie die Reaktionen, die er in den Geist hineinlegt.

DIE SUCHE NACH DEN INVARIANTEN

Wir haben gesehen, dass die Wissenschaft und die Industrie die Grundpfeiler des modernen Lebens bilden; mit der Wissenschaft, die neue Einblicke in die Natur durch die Kenntnis allgemeiner und konstitutiver Gesetze gibt, mit der Industrie, die direkt aus der Wissenschaft hervorgeht. Man sieht hier den Zusammenhang und ist erstaunt über das beinahe vollkommene Fehlen eines Kontakts von aktueller Kunst und modernem Leben; der Fehler hierfür liegt bei den Künstlern, die ohne Überprüfung das alte romantische Vorurteil übernehmen, dass die Kunst eine dunkle Essenz und außerhalb oder jenseits der Vernunft bestehe, während die Wissenschaft eine einfache Aufgabe der Logik sei.

Wir werden beweisen, dass die reine Kunst und die reine Wissenschaft keine undurchlässigen Domänen sind; sie besitzen einen gemeinsamen Geist. Es gibt auch keine Scheidewand zwischen einem modernen, durch Wissenschaft konditionierten Leben und einer parallelen Kunst zu dieser Wissenschaft: Kunst und Wissenschaft basieren auf der Zahl.

Schon seit langem hat die Kunst versucht, die flüchtigen Bilder unserer flüchtigen Emotionen auszudrücken. Eine derartige Kunst hat aufgehört, wahrhaft zu erregen; sie ist wie die sentimentalen Romane veraltet, sie hat aufgehört zu interessieren, sie amüsiert; man stuft sie richtigerweise unter die angenehmen Künste an der Seite der ornamentalen Kunst ein. Noch ist nichts verloren, die Kunst kann ihren hohen Stellenwert zurückgewinnen; aber man muss sich darüber Gedanken machen.

Was also ist das Gemeinsame der puren Kunst und der reinen Wissenschaft? Wie kann der Geist der einen der anderen dienen? Einzig ihre technischen Instrumente unterscheiden sich, ihr Ziel ist dasselbe: Das Ziel der reinen Wissenschaft ist der Ausdruck der natürlichen Gesetze durch die Suche nach den *Konstanten.*

Das Ziel ernster Kunst ist ebenso die Suche nach dem *Invarianten.*

WAS IST EIN GESETZ?

Bestätigte Gesetze sind menschliche Konstruktionen, die mit der Ordnung der Natur zusammenfallen; sie lassen sich mit Zahlen darstellen, welche schematische, untereinander zusammenhängende Kurven zusammenhängend mit der Natur darstellen; es sind die, welche die mythische Interpretation des Universums ersetzt haben. Sie werden dazu dienen, die Kunst wieder herzustellen.

DIE SUCHE NACH GESETZEN

Oberflächlich empfunden oder betrachtet erscheint die Natur wie ein Magma beständig wechselnder und unterschiedlicher Vorfälle. Dies entschuldigt in den antiken Metaphysiken die wunderbare Erklärung und in der Kunst die jüngsten, individualistischen, romantischen, impressionistischen und kubistischen (Impressionisten der Formen) Schulen, die so scheinen, als seien sie beeindruckt von der Variation der Natur oder von individuellen Empfindungen; es scheint so, als ob das Studium des Invarianten sie nicht interessiert.

Aber, genau betrachtet oder ernst empfunden, erscheint die Natur nicht wie ein Märchenspiel ohne Plan, sondern wie eine Maschine. Die Gesetze erlauben es uns, die Natur so zu betrachten, als handle sie nach der Manier einer Maschine. Diese sehr komplizierte Maschine führt ein sehr komplexes Gewebe aus, gewebt aber auf einem geometrischen Rahmen. Die physikalische und mathematische Geometrie definiert die Gesetze der Kräfte, die wie ordnende Achsen sind.

Diese Maschine handelt trotz ihrer unendlichen Komplexität so konsequent nach Gesetzen, dass selbst die genauesten Messungen unfähig sind, die kleinste Variation ihrer Produkte evident darzustellen: INVARIABILITÄT.

Die Gesetze sind so invariabel[10], dass selbst das, was wir Zufall nennen, keinen Schaden dem Gewebe zufügt, da, wie uns das Gesetz der großen Zahlen lehrt, die Phänomene unzählige Gründe besitzen, die, noch nicht erschlossen und klassifiziert, unter dem Namen des Zufalls sich zuletzt ausgleichen und wechselseitig ausrichten. „Das Wort Zufall“, sagt Lamarck, „drückt nur unsere Unkenntnis der Gründe aus.“

Das Gefühl, die Kenntnis der Gesetze, verleiht diesen Dingen eine Idee der Harmonie, die nicht weit entfernt von der der Schönheit ist. Nachfolgend werden wir den Mechanismus der Erscheinung der Schönheit studieren und wir werden zeigen, dass sie von den Zahlen des Objekts abhängt.

PARALLELE ZWISCHEN DEN METHODEN DER ANALYSE IN DER WISSENSCHAFT UND DER KUNST

Wir wollen die Gesetze der Ordnung suchen, welche die der Harmonie sind. Es handelt sich folglich um die Definition der großen Achsen der Weltordnung und um deren Formulierung; der Wissenschaftler wird diese mit Zahlen und gelegentlich auch mit Bildern (Kurven) darstellen; der Künstler mit Formen. Die Methoden sind dieselben: Induktion, Analyse, Konzeption, Rekonstruktion.

Man muss hier einen Irrtum aufdecken, der bei Künstlern sehr geläufig ist, welche glauben, die Wissenschaft sei rein deduktiv und die Kunst rein induktiv.

Die wissenschaftlichen Methoden sind nur Maschinen, welchen man neue Ideen geben muss, wenn man am Ende neue Gesetze sehen will, und Erfindungen sind nichts anderes als die Möglichkeit der Imagination auf sicherer Basis.

Die Studien der Maler zur Malerei verlaufen analog zur Analyse

10 Pythagoras, Euklid, Archimedes, Newton, etc.

der Physiker oder der Mathematiker in der Wissenschaft; die Kenntnis der Ordnung der Natur.

Die Instrumente der Physiker sind die Meßwerkzeuge (Waagen, etc...), die Apparate der Penetration (Mikroskop, Teleskop, etc.); das Instrument des Malers ist sein Auge, das wahrhaft wie ein Instrument der Kontrolle, der Verifikation und der Penetration handelt.

ZIEL DER ANALYSE

Die Analyse dient dazu, die Eigenschaften der Natur zu definieren; analoge Mittel, ähnliche Zwecke.

Wir behaupten allerdings, dass die Wissenschaft Wahrscheinlichkeiten herstellt, die sich mit der Perfektionierung der Instrumente präzisieren lassen, während die Kunst eine Sicherheit gibt: die Schönheit. Die Instrumente der Kunst sind sicherer und dies macht ihre Größe aus. Die Studie des Malers stellt das Stadium der Analyse dar; eine Studie ist kein fertiges Gemälde, ein Experiment ist auch kein Ausdruck eines Gesetzes.

MECHANISMUS DER EMOTION

Die Auswahl und die Emotion des Künstlers vor der Natur sind vollkommen analog zu den Vibrationen eines Resonanzkörpers, die durch Wellen bewirkt werden und mit ihm übereinstimmen; dies ist der Mechanismus der Auswahl. Wenn ein Künstler das Sujet seiner Emotion einfach kopiert, dann handelt er als Photograph; wir werden später sehen, dass die Photographie nur das ausdrückt, was akzidentiell ist. Was aber dargestellt werden muss, ist nicht das Objekt selbst, nicht die rohe Erscheinung der Schönheit, sondern die Emotion, die sie hervorruft. Es ist berechtigt zu glauben, dass es eine symmetrische Übereinstimmung gibt zwischen den konstitutiven *Zahlen* des Objekts, das schön scheint und dem Werk, das exakt die Schönheit in dieses Objekt überführt, das Gemälde dabei aber nicht Punkt für Punkt symmetrisch oder ähnlich dem realen Objekt sein muss; man kann also glauben, dass es ein System von Äquivalenzen und Konkordanzen gibt, das konsequent das Werk mit dem Sujet verbindet. Das Werk ist mit dem Sujet durch eine stetige Funktion verbunden.

Die Wahrheit des Wissenschaftlers und das Schöne des Künstlers sind Ausdrucksformen dieser zwangsläufigen Ordnung, die in uns wie ein perfekter Akkord klingt. Es gibt hier einen weiteren Grund, sich wie einst die Metaphysiker die Frage zu stellen, ob Schönheit und Harmonie nicht identisch sind. Wir glauben, wie wir oben sagten, dass die Schönheit sich in einer Weise zeigt, wie es tönende Wellen auf einem Resonanzkörper tun; Schönheit kommt nur unter dem Einfluss von Vibrationen ins Spiel, deren Zahlen in bestimmten Grenzen begriffen werden: Hässlichkeit und Indifferenz auf der einen Seite, Schönheit auf der anderen Seite. Lassen wir zu, dass das Auge ein Resonanzkörper ist: Wie jeder Resonanzkörper besitzt es einen individuellen Faktor und wird empfindlich sein für die durch bestimmte Zahlen begrenzten Wellen. (Wir wissen bereits, dass das Auge nur für leuchtende Sinneseindrücke innerhalb von bestimmten Grenzen innerhalb der Zahlen empfindsam ist).

Wir glauben, dass die Empfindung von Schönheit, von Indifferenz oder von Hässlichkeit, von der Übereinstimmung herrührt, von der Koinzidenz oder von der Nichtübereinstimmung der Zahlen der Wellen des Objekts und der Zahlen des Wahrnehmungsorgans. Künstler besitzen häufig sehr sensible Resonanzkörper, weshalb sie häufig ihrer Zeit voraus sind: Impulsgeber.

Der Glauben, dass diese Dinge wirklich so geschehen, bedeutet eine Bereicherung an Kunstmitteln: Bestimmte Formen und bestimmte Farben, die unangenehm scheinen mögen und ungeeignet für die Kunst, bestimmte Zusammenschlüsse, bestimmte chromatische Paletten, sind heute häufig im Gebrauch[11] und erscheinen uns schön[12]. Es ist nicht nötig darüber zu berichten, dass eine Studie antiker Texte, wie zum Beispiel der Texte Homers, den Eindruck vermittelt, dass die Menschen dieser Epoche nicht alle aktuellen, chromatischen Nuancen wahrgenommen haben. All dies scheint zu beweisen, dass unsere Sinne verbesserungsfähig sind, also dass sie mehr Flexibilität erwerben können und sich konsequenterweise

11 Vergleichen Sie die Musik.

12 Die Hässlichkeit der industriellen Städte, die Maschinen.

die Domäne des Schönen vergrößert; ist es gewagt zu behaupten, dass an einem fernen Tag unsere Sinne sich einer totalen Harmonie der Welt öffnen und im Anblick dieser Ordnung eine analoge Empfindung zu dieser limitativen Empfindung spüren werden, die wir heute Schönheit nennen? Es steht fest, dass die Domäne des Hässlichen abnimmt und dass der Kubismus darin für etwas steht: Wir haben uns an die Betrachtung von Spektakel gewöhnt, die bis zu seinem Erscheinen unwürdig der Kunst gewesen sind; wir haben gelernt sie zu verstehen; der Kubismus verminderte die Hässlichkeit so sehr, indem er uns daran gewöhnte, sie zu genießen.

Zusammengefasst kann gesagt werden, dass sich unsere plastischen Sinne wie Batterien von angeglichenen Resonanzkörpern verhalten, ein jeder mit festgelegten Wellen; ihre Zahl nimmt in dem Maße zu, wie die Entdecker neue Einblicke in die Materie gewähren (Natur).

Die Wissenschaft hilft beim Fortschritt der Kunst, indem sie bislang unbekannte Anordnungen anzeigt.

Es gibt weitere, nicht unterschiedene Erscheinungen, die jedoch an der Schwelle der Schönheit stehen; die Wissenschaft lädt uns ein, indem sie auf sie verweist, sie zu betrachten; es bestätigt sich, dass es dort häufig Schönheit gibt: Wir sind also im Besitz einer neuen Schönheit und geben sie als Verbesserung weiter (die Kinder von heute genießen auf Anhieb die Untersuchungen von gestern).

Man erkennt, dass es einen Zusammenhang gibt zwischen der wissenschaftlichen Perfektionierung und der der Kunst.

Man begreift hier eine der Auswirkungen der Wissenschaft auf die Kunst.

DIE GESETZE UND IHRE BEZIEHUNG ZUR PLASTISCHEN KUNST. DIE WAHL. ANTHROPOZENTRISMUS, ANTHROPOMORPHISMUS

Wir sind Menschen.

Die Kunst, die durch Kenntnis von Gesetzen ausgeführt wird, ist eine essentiell humane Kunst, rein von allem Okkultismus, eine reine Kunst auf der Basis der Physik[13].

13 Es ist klar, dass wir hier nicht nochmals über die Gesetze sprechen, die konstitutiven

Man kann nicht alle die unzähligen Sujets malen; es ist folglich besser auszuwählen und diejenigen zu verwenden, die den höchsten Ertrag an plastischer Schönheit liefern. Welches Kriterium soll man verwenden? Machen wir eine Statistik der Formen hinsichtlich ihres Ertrags an Schönheit: Unten steht die anorganische Materie, in der das Auge kein klares plastisches Gesetz wahrnimmt: Magma, folglich wenig Schönheit; danach das anorganische Objekt (Mineralien, hergestellte Objekte, etc.); darüber die Landschaft, oben die menschliche Gestalt. Nehmen wir ein Beispiel, mit dem durch die Tatsache, dass wir Menschen sind, bewiesen wird, dass es eine plastische Hierarchie von Formen gibt, die die Ungleichheit ihrer Schönheitskoeffizienten erklärt.

Hier ein Zimmer; ich versuche die interessanten plastischen Elemente zu definieren, die ein Maler aus ihm extrahieren könnte: Ich bemerke die gesprenkelte Tapete, die Holzstücke, die den Tisch ergeben, die Papierstücke auf dem Tisch, eine Palme, ein Messer, eine Violine, eine sitzende Frau.

Die Tapete ist ganz besonders und ähnelt bestimmten Oberflächen von Picasso; das Holz des Tisches hat eine interessante matte Qualität. Von den Papierblättern geht ein peinlich genau moduliertes Licht aus; das Messer besitzt Glanz, die Violine sanfte Kurven: das klassische Stillleben. Die Palme führt das Vegetabile mit der Komplexität höherer Organismen in das Zimmer ein. Die Figur aber thront als Königin und lässt das Stillleben zum Dekor werden.

Das Fleisch des Gesichts besitzt eine schönere Materie als die des Holzes, das Licht auf seiner Stirn ist schöner als dasjenige der Papierblätter, der Glanz der Augen ist schöner als derjenige des Messers.

Der menschliche Körper ist gemäß den Gesetzen der Symmetrie organisiert, so lesbar wie die Konstruktion, die eine Violine bestimmen; das Ganze eines Zimmers ist eine glückliche Anekdote, ein glücklicher Zufall, der eine glückliche Wahl bestätigt; aber eine einzige Sache schließt die Schönheit der anderen ein und übertrifft sie: die menschliche Figur; sie ist es, die den höchsten Ertrag für die Plastik besitzt.

Elemente des Bildes und seine Konventionen, also die internen Gesetze: Wir werden im vierten Kapitel die Konzeption und die praktische Realisation des Bildes untersuchen.

Die Tatsache, dass wir Menschen sind, lässt uns mit einer Schönheit übereinstimmen, die wir durch lange Vertrautheit besser erkennen, die wir besser verstehen, die wir besser genießen. Alles ist vor der Erkenntnis gleich, das ist sicher; an einem Tag, wenn unsere Sinne die Gesetze des Anorganischen wie des menschlichen Körpers klar erkennen werden, wenn eine lange und andauernde Analyse uns an das gewöhnt haben wird, was heute noch hässlich und indifferent ist, werden wir gelernt haben es zu verstehen und als Konsequenz zu genießen; es ist möglich, dass der menschliche Körper entthront wird und dass die Hierarchie, die wir etabliert haben, die Bedeutung verlieren wird, die sie jetzt besitzt. Aber der Körper wird bleiben, weil wir Menschen sind (Anthropozentrismus) und weil wir es schuldig sind, für Menschen die Wahl zu treffen (Anthropomorphismus). Anthropozentrismus und Anthropomorphismus, bitte sehr, dies ist ein anderes Kriterium. Es bleibt wahr, dass sich die Kunst auf solide menschliche Fundamente stützt und es ist möglich, dass die Kunst daran arbeiten wird, uns zu befreien, um uns in Einklang mit der totalen Anschauung einer universellen Harmonie zu bringen. Dort sind wir noch nicht.

Bei der Suche nach den Gesetzen der Harmonie geht es folglich dem Geometriker wie dem Künstler, die Achsen der Ordnung zu definieren. Ein derartiges Ziel schließt ebenso notwendig den antiken Irrtum der Metaphysiker aus wie die romantischen Kreationen hypothetischer Arrangements ohne ausreichenden Kontakt mit der Natur, diese arbiträren, individuellen Phantasien, die notwendig eine Konstruktion des Werkes ohne Allgemeingültigkeit und ohne Interesse für die Menschen ergeben; zerbrechliche Systeme, die in ihrer Zeit ihre Berechtigung hatten und die seit langem aufgehört haben zu interessieren.

Unter den Gesetzen gibt es solche, die eine besondere Bedeutung für die plastische Kunst besitzen; alle können nicht zur Konstruktion eines Bildes verwendet werden: Die Natur tritt uns mit Achsen entgegen, mit starken Achsen von unendlicher Komplexität, einer Vielzahl von axialen, wechselseitig sich bedingenden Gesetzen; es gibt aber auch prinzipielle Achsen wie bei einem Baum die Blätter, die Zweige, die Äste, ein Stamm.

Alles ist bis zur äußersten Grenze menschlicher Perzeptivität über diese Gesetze verbunden und koordiniert und mit anderen, die man noch nicht definieren kann, die der Mensch aber erahnt.

Die Kunst wie die Wissenschaft müssen, wie man sieht, zuerst Kenntnis von diesen prinzipiellen Gesetzen erhalten, die ihr eine Sprache konstituieren werden, mit der die Kunst Konstruktionen hervorbringen wird, die kohärent mit der Natur sind, intelligibel und befriedigend. Sooft der Wissenschaftler oder der Künstler versuchen wird, diese Gesetze zu überschreiten, wird er sein Werk schwächen.

Die antiken Kanons, von denen man generell glaubt, sie seien artifizielle Codes und Schablonen, basieren nur auf der Kenntnis des Universums und der natürlichen Gesetze, die die äußere Welt regieren und das Kunstwerk konditionieren. Es waren nicht die Codes, sondern die richtigen und flexiblen Gesetze, die es erlaubten, das menschliche Werk an dasjenige der Natur zu binden (Euklid, Pythagoras, Archimedes). Diese gleichen Kanons (ägyptische Dreiecke, numerische Beziehungen, etc.) waren in den älteren, antiken Kulturen bekannt[14]. Die Ägypter, die Assyrer, die Griechen, die Perser und die Menschen der Gotik kannten sie; die Menschen der Renaissance entdecken sie wieder, wendeten sie aber häufig als engstirnige Regeln in ihren Schulen an; man hat einige bis zu Ludwig XIV. in Erinnerung behalten (Blondel).

Man sieht, dass die Kenntnis und die Einhaltung allgemeiner Gesetze, die die Kunst bedingen, nicht vermögen die Freiheit zu fesseln, da es ihr Gebrauch ermöglicht hat, Werke von einer plastischen Originalität zu konstruieren, die so rein und so unterschiedlich sich darstellt, wie es die Pyramiden, die Paläste der Assyrer, das Parthenon, die persischen Kuppeln, die gotischen Kirchenschiffe und die Monumente Blondels sind. Man sieht, dass es keinen Grund gibt zu

14 Eine gründliche Studie von Meisterwerken erlaubt es, eine Anzahl dieser formulierbaren Beziehungen numerisch und geometrisch zu definieren (diese Studie wird das Thema in einer der nächsten Ausgabe der KOMMENTARE sein); die großen plastischen Werke sind diejenigen, in denen sie bewusst oder unbewusst durch die Meister angewandt wurden; jedes Mal, wenn die Meister bewusst diese Beziehungen angewandt haben, erlaubten sie es, ihr Genie vollkommen auszudrücken. Selbst heute sind die stärksten Werke diejenigen, in denen sie nicht ausdrücklich formuliert, sondern implizit angewendet werden.

fürchten, dass, wenn die Methoden der reinen Empfindung, die den Künstlern heute so teuer sind, sich ändern, eine steife und nichtoriginelle Kunst eingesetzt wird.

„Wenn, sagt ein Mathematiker, die Griechen über die Barbaren triumphiert haben, wenn Europa, Erbe des griechischen Gedankens, die Welt dominiert, so deshalb, weil die Wilden die schreienden Farben lieben, die lauten Töne der Trommel, die nur ihre Sinne okkupiert, während die Griechen die intellektuelle Schönheit lieben, die sich hinter der Schönheit der Sinne verbirgt."

Nein, die Kunst ist nicht nur dieses angenehme Kitzeln, an dem die Maler heute ihr Gefallen finden, welches Sokrates tadelte und das eine Palette darstellt, ein kubistisches Bild, ein Ladenschild eines Farbenhändlers oder einen Teppich. Nichts zählt zur plastischen Kunst, das nicht sicher in der Plastik gegründet ist; die revolutionären Schulen ordneten jedoch an und proklamierten, dass nichts dazu zählt als das, was sie als „reine Plastik" bezeichneten. Sie vergessen, diese Revolutionäre, dass die Formen und die Farben agieren wie unmittelbare Anregungen unseres visuellen Sinnes, dass dieser ein einfacher Übermittler an unser Gehirn ist, das die Qualität dieser Empfindungen beurteilt und mit dem komplizierten Spiel von Assoziationen, etc..., mit den ererbten oder erworbenen Empfindungen zusammenbindet. Die Kunst bewegt uns: Das gibt ihr unendliche Ressourcen; andernfalls ist das Werk eine einfache Sammlung inkohärenter Elemente; ein solches Werk hätte weder eine andere Bedeutung noch andere Mittel als die einer Palette oder eines Bandes.

Die Wissenschaft verlangt, dass sich unsere Aufmerksamkeit auf die von ihr entdeckten Ordnungen richtet; der Künstler ist angeregt, mit ihr neue Schönheiten zu entdecken, damit er diese Ordnung definiert. Indem man die Entdeckungen der Wissenschaft verifiziert, stellt man häufig fest, dass sie die Quellen der Schönheit sind, von welcher das Gesetz nichts weiter ist als ein Schema. Der Wissenschaftler entdeckt die Harmonie, Quelle der Schönheit; der Künstler hält das zurück, was gut für die Kunst ist: Bitte sehr, unsere Konzeption von Schönheit wird durch eine neue Quantität bereichert; die Überlieferung gibt sie weiter.

Es gibt einen Zusammenhang zwischen wissenschaftlicher Perfektion und dem Fortschritt an Schönheit: Wenn wir ein neues Licht auf die Natur werfen, erlaubt die Wissenschaft der Kunst voranzuschreiten und unsere Sinnen auf unbekannte Harmonien und noch nicht unterschiedene Empfindungen, an der Schwelle der Schönheit, hinzuweisen.

Wissenschaft und Kunst arbeiten zusammen.

IV

NACH DEM KUBISMUS

„Große Schönheiten werden hervorgebracht, wenn eine Sache, wie bei einer Überraschung, zuerst mediokeer ist, sich dann stärkt, wächst, und danach unsere Bewunderung besitzt."
Montesquieu

Wir werden den Begriff „PURISMUS" verwenden, um mit einem verständlichen Wort das Charakteristische des modernen Geistes auszudrücken.

DAS GEMÄLDE

DIE NATÜRLICHEN GESETZE AUS DER PERSPEKTIVE DER PLASTIK

Die erste Arbeit des Malers wurde bereits angedeutet: Kontaktaufnahme mit der Natur und ihren Gesetzen; zulassen der Kriterien, die es erlauben, die interessantesten Phänomene zu isolieren, um einen hohen Ertrag zu erzielen, diejenigen, die das höchste Potential für die Plastik enthalten, – Ausgangspunkte für Werke von hoher Intensität.

Die ausgewählten Sujets sind so beschaffen, dass die Gesetze leicht zu lesen sind; eine Hierarchie stimmt sie aufeinander ab und die menschliche Figur steht an der Spitze.

Wie können und müssen die natürlichen Gesetze die Richtlinien eines Kunstwerks sein? Was ist der Mechanismus der Konzeption? Auf welche Art und Weise lassen sie sich technisch realisieren?

DIE WAHL

Lasst uns den Wert eines Sujets für die Herstellung eines Bildes überprüfen: Man hat eine lebhafte Affinität für ein Sujet verspürt, eine unvermeidliche, wesentliche Empfindung. (Die Empfindung ist das feinste Instrument des Malers, sie führt seine Hand).

Das gewählte Sujet wird möglicherweise ein einfaches Sujet sein: man muss deshalb die „artistischen" oder dekorativen Sujets ebenso ablehnen wie die dekorierten Sujets, die, die etwas zu verbergen haben. Es kann ein einfaches Sujet sein; es wird häufig ein einfaches Sujet sein, zum Beispiel eine Flasche mit einer gängigen Form, banal für einen indifferenten Betrachter, besitzt in sich ein hohes Maß an Allgemeinheit. Das Sujet könnte ein Baum sein, wenn dieser Baum kein exzeptionelles Individuum ist. Es könnte eine ausgewählte Landschaft sein wegen der Schönheit ihrer Volumen oder ihrer Proportionen und nicht wegen des Pittoresken oder einer Farbe, welches akzidentielle Ursachen sind[15].

Nehmen wir ein Beispiel: Eine Fontäne wird in ihrer Kurvenform nur so verlaufen, wie sie geometrisch durch die Gesetze der Trägheit und der Schwerkraft festgelegt ist: Das Wasser schießt empor, steigt auf, stoppt und fällt zurück. Die Profilansicht der Fontäne legt diese Gesetze klar dar. In der Dreiviertelansicht erscheinen sie schon weniger. In der Vorderansicht werden sie schlecht gelesen, die Fontäne reduziert sich zu einer geraden Linie. Die Variation des „point de vue" kann die Erscheinung des Gesetzes stören. Es gibt folglich eine privilegierte Ansicht. Die invariable Ansicht ist hier eindeutig die Profilansicht; sie erfüllt die besseren plastischen Bedingungen.

Nachdem die erste Wahl feststeht, wird man nach dem Allgemeinen streben.

Das Allgemeine ist das, was invariabel an der Form ist, das was permanent ist, das, was die Zeit überdauert. Wir erkennen an jedem Objekt inhärente Formen seiner Konstitution; sie charakterisieren es, unabhängig von dessen sekundären Bestimmungen, die es für einen Augenblick verändern. So wird der Ton unter keiner Beleuchtung

15 Die Kunst, die ein einziges Stück auswählt, findet ihr Kriterium im Exzess, der Karikatur; selbst in dieser niederen Kunst resultiert das Bessere noch aus der Suche nach dem Typus.

die Farbe des Fleisches haben und wenn doch der Zufall diese Erscheinung herbeiführen sollte, so muss man darin einen unwürdigen Unfall großer Kunst sehen.

Die puristische Kunst muss das Invariante erkennen, festhalten und ausdrücken.

FORM, FARBE

Die Idee der Form geht derjenigen der Farbe voraus.

Die Form ist übermächtig, die Farbe besitzt eine nebensächliche Bedeutung.

Die Farbe hängt völlig von der materiellen Form ab: Die Konzeption einer Kugel zum Beispiel geht dem Konzept der Farbe voraus; man begreift eine Kugel ohne Farbe, einen Plan ohne Farbe, man begreift Farbe nicht unabhängig von jeder Unterstützung. Die Farbe wird mit der Form abgestimmt und die Umkehrung ist nicht wahr. Wir glauben, das Sujet wegen seiner Formen und nicht wegen seiner Farben wählen zu müssen.

DIE PROPORTIONEN

Alles kann über Zahlen dargestellt werden; die Proportionen bestehen in Zahlenbeziehungen, die ein Gemälde konstituieren. Ein Gemälde ist eine Gleichung. Je mehr die Elemente untereinander übereinstimmen, umso mehr wird sich der Faktor Schönheit vergrößern.

KONZEPTION

Konzipieren bedeutet, die plastischen Invarianten wahrzunehmen, die Proportionen zu bestimmen, die Ausdrucksmittel zu verifizieren. „Jede Linie, sagt ein Maler der Renaissance, darf nicht durch die Hand eines Künstlers entstehen, wenn sie nicht vorher durch den Geist geformt wurde“.

Sehr häufig nimmt man eine Haltung zum Malen unter dem Einfluss einer Emotion ohne vorhergehende Recherche ein und ist bemüht, sich durch ein fortwährendes Tasten auszudrücken. Wir glauben dagegen, dass ein Werk komplett im Geist festgelegt sein muss; die technische Realisation ist nicht mehr als die rigorose Materialisation der Konzeption, also eine Art Herstellung. So wird das „Ungefähre" vermieden werden, das schockierend in allen Werken dieser Epoche ist, die unbestimmten Tätigkeiten, aufstachelnd und fiebrig.

Das Gemälde muss intensiv und integriert sein; es ist das Integral dieser enormen Gleichung, welche die Natur darstellt. Das Gemälde erreicht dies, wenn von dem Magma der Empfindungen nur das zurückbleibt, was essentiell ist, das, was in den Äquivalenzen der puristischen Plastik zum Ausdruck kommt. Komponieren: Integrieren.

Alles in allem kommt der Künstler nach Durchführung einer Analyse, wie sie auch ein Wissenschaftler vornimmt, mit der Rekonstruktion weiter. Er drückt diese absolute Empfindung aus, welche Schönheit ist.

Wir haben gezeigt, dass Schönheit aus dem Verständnis der Gesetze resultiert. Die Natur, die sich niemals pur zeigt, besitzt unter einem Schleier einer unbegrenzten Anzahl von Gründen Klarheit. Der Maler muss Reinheit realisieren, Einatmen des Geistes. In der klaren Anordnung eines Gemäldes liegt eine Befriedigung, weil sie die Einfachheit realisiert, von der wir ahnen, dass zu ihr die Natur strebt.

Die Geometrie, die einfache Konstruktionen mit komplizierten Handlungen realisiert, führt zur gleichen Zufriedenheit.

Die Malerei muss wie die Geometrie klare Konstruktionen vorschlagen; sie können für uns noch erregender werden, wenn sie die Empfindung einschalten und ein Spiel mit dem menschlichen Faktor hervorrufen. Aber dies verlangt eine vollständige Realisation, die dem Zufall keinen Platz lässt. Der Zufall ist der Ausgestoßene der Kunst; er ist das Gegenteil von Kunst.

Man kann sich nicht mit Gemälden zufrieden geben, die mit irgendwelchen Anhaltspunkten angelegt sind, summarischen Merkmalen, Ausgangspunkten, die ihre Zielrichtung nicht kennen. Dies sind Werke, bei denen die Imagination des Betrachters sehr häufig abdriftet. Es ist nicht die Aufgabe des Betrachters, das Gemälde herzustellen, es ist die des Malers, es rigoros zu konkretisieren. Es kann nicht mehr darum gehen, Pfeile auf das Schöne abzuschießen.

Ein wahrhaft puristisches Werk muss den Zufall besiegen, die Emotion kanalisieren; es muss das rigorose Bild einer rigorosen Konzeption sein: mit einer klaren Konzeption, rein realisiert, die *Tatsachen* der Imagination anbieten. Der moderne Geist fordert dies ein; dieses Neue unserer Epoche wird die Verbindung mit der Epoche der Griechen wieder herstellen.

Eine solche Kunst ist weiter vom Naturalismus als vom Kubismus entfernt; wenn sie klarer erscheint, so ist dies ein einfacher Beweis dafür, dass sie Teil einer Ordnung ist.

Dass man sich hier nicht täuscht; es handelt sich nicht darum, die unmittelbaren Fakten buchstäblich mit der Präzision eines Kurzsichtigen zu kopieren, sondern im Gegenteil um das Festlegen der Invarianten und ihrer plastischen Möglichkeiten; dies ist keine Imitation, die ein Stück Natur mit allen ihren Missgeschicken einrahmt. Imitieren, das ist das unprätentiöse Ziel des Photographen. Man weiß, wie wenig die Photographie ein Bild der Einheit gibt, wie wir sie versucht haben zu definieren; man weiß das zum Beispiel von photographierten Porträts, die fast niemals das Profil eines Kopfes in der Frontalansicht erahnen lassen. Ein schön gemaltes Porträt gibt uns dagegen durch die geeigneten Deformationen den totalen Eindruck des Sujets; das Studium der schöneren Porträts beweist es und zeigt, dass sie keineswegs die Imitation eines Sujets sind, sondern subtile Konstruktionen, die einen Gesamtausdruck ergeben.

Die Tatsachen, die uns die Natur präsentiert, sind zusammengesetzte Tatsachen. Im Kopf reagiert unsere Kenntnis des Profils auf die Frontalansicht. Dies bringt uns dazu, von der Deformation zu sprechen.

DIE DEFORMATIONEN

Bestimmte Aspekte der Natur können von einem Gemälde vollkommen assimiliert werden; in diesem Fall ist eine Kopie richtig. Aber die Tatsachen präsentieren sich selten so: Es sind unendliche Elemente eines gewaltigen Ensembles, deren fragmentarische, disparate Seite erscheint und schockierend wirkt; ein Mehr an Perspektive, an Licht, an Reduktion fälschen häufig ihren Anblick.[16] So paradox die These auch scheint, man muss deformieren, um die Harmonie wieder herzustellen; die Gesetze werden besser lesbar erscheinen.

Das Werk muss die Absicht bestätigen. In welchen Grenzen ist die Deformation erlaubt?

Wir wollen wieder ein Porträt als Beispiel nehmen: der Ausdruck eines Gesichts hängt von rein konkreten Elementen ab; diese sind zusammengesetzt und erscheinen uns niemals auf einen Blick; wir haben eine sukzessive Kenntnis durch alle Ansichten des Gesichts erhalten, von der Profilansicht, von der Dreiviertelansicht, etc.. Aber ein Maler nimmt einen bestimmten Blickwinkel ein und legt eine zufällige Ansicht fest. Bei einem ausgewählten Blickwinkel bleiben bestimmte Charakteristiken verborgen. Der Kubismus hat dies so gut verstanden, dass er geglaubt hat, er könne mit umgeklappten und übereinandergelagerten Geometrien agieren; unglücklicherweise aber kreiert er eine so extreme Konfusion, dass er das Gegenteil dessen herbeiführt, was er beabsichtigte. Tatsächlich aber bleibt bestehen, dass ein Gesicht eine plastische „Kontinuität" besitzt und dass jedes Teil eng an jeden anderen anschließt. Die Kubisten haben dies getrennt. Es versteht sich von selbst, dass die Frontalansicht keinesfalls das Profil der Nase zeigt und dass eine Profilansicht keineswegs die Charakteristik eines Auges oder eines Mundes wiedergibt. Ein Gesicht kann auf diese Weise nicht ausgedrückt werden. Wir würden uns in eine Sackgasse begeben und das Porträt wäre eine tote Sache. Ein einziger Blickpunkt kann ein Gesicht nicht ausdrücken. Die Deformationen sind unentbehrlich und die gesamte Geschichte der Kunst liefert vielfach Beweise davon.

Der Purismus sucht das Invariante der Elemente, er sucht für jedes von ihnen den charakteristischen Winkel, er zielt trotz allem auf Kontinuität und auf einen synthetischen Ausdruck.

16 Das Studium der Techniken wird der Gegenstand in einem nächsten Band der KOMMENTARE sein: „Technique de la Peinture". Diese Fußnote ist ohne Verweis auf den Text.

DIE „WIRKUNG“

Die besonderen Beleuchtungsumstände eines Sujets konstituieren seine „Wirkung“. Sie ist wie eine natürliche Deformation. Man sollte darin übereinstimmen, sie auszuschalten und ein Licht zu bevorzugen, das die Integrität der Formen mehr respektiert. Allerdings gibt es Fälle, in denen die Wirkung die Form unterstützt, anstatt sie zu verfälschen; dann ist sie erlaubt, so gut wie eine freiwillige Deformation. Dasselbe gilt für bestimmte perspektivische Wirkungen.

Farbe, Wirkung, perspektivische Unfälle dürfen das Gemälde nicht bestimmen.

Die Vernunft beherrscht und ordnet ein Werk in der Kunst, in der Wissenschaft und der Industrie. Die Empfindung, die unbewusst und unkontrollierbar an eine Person gebunden ist, legt die Emotion des Werks fest.

Die simultane Anstrengung von Vernunft und Empfindung realisiert die *Konzeption.*

DER PURISMUS

DER PURISMUS VERSTEHT SICH NICHT ALS EINE WISSENSCHAFTLICHE KUNST, DAS WÜRDE KEINEN SINN MACHEN.

Er glaubt, dass der Kubismus eine dekorative Kunst und eine romantische Ornamentik geblieben ist, was immer man auch über ihn sagt.

Es gibt eine Hierarchie in der Kunst: Die dekorative Kunst ist an der Basis, die menschliche Figur an der Spitze.

Der Wert der Malerei liegt in der intrinsischen Qualität der plastischen Elemente und nicht in ihren darstellenden oder erzählenden Möglichkeiten.

Der PURISMUS drückt nicht die Variationen, sondern das *Invariante* aus. Das Werk darf nicht zufällig, exzeptionell, impressionistisch, unorganisch, protestierend, pittoresk sein, sondern es muß im Gegenteil allgemein, statisch, Ausdruck des Invarianten sein.

Der PURISMUS will klar konzipieren, richtig ausführen, exakt, ohne Abfälle; er wendet sich von trüben Konzeptionen, von oberflächlichen, gesträubten Ausführungen ab. Eine ernste Kunst muss jede Technik bannen, die über den wirklichen Wert der Konzeption hinwegtäuscht.

Die Kunst besteht vor allem in der Konzeption.

Die Technik ist nichts als ein Werkzeug, das demütig der Konzeption dient.

Der PURISMUS fürchtet das Bizarre und das „Orginelle“. Er sucht das reine Element, um darin organisierte Gemälde neu zu erschaffen, die als naturgleiche Tatsachen erscheinen.
Das Handwerk muss ausreichend sicher beherrscht werden, um die Konzeption nicht zu schwächen.

Der PURISMUS glaubt nicht, dass ein Zurück-zur-Natur ein Zurück-zur-Kopie-der-Natur bedeutet.

Er lässt jede Deformation zu, wenn sie mit der Suche nach dem Invarianten gerechtfertigt wird.

Alle Freiheiten gehören zur Kunst außer dieser, nicht klar zu sein.

PARIS, 15. OKTOBER 1918

Übersetzung: Hartmut Mayer
Korrektorat: Marie-France Schumacher-Voinot

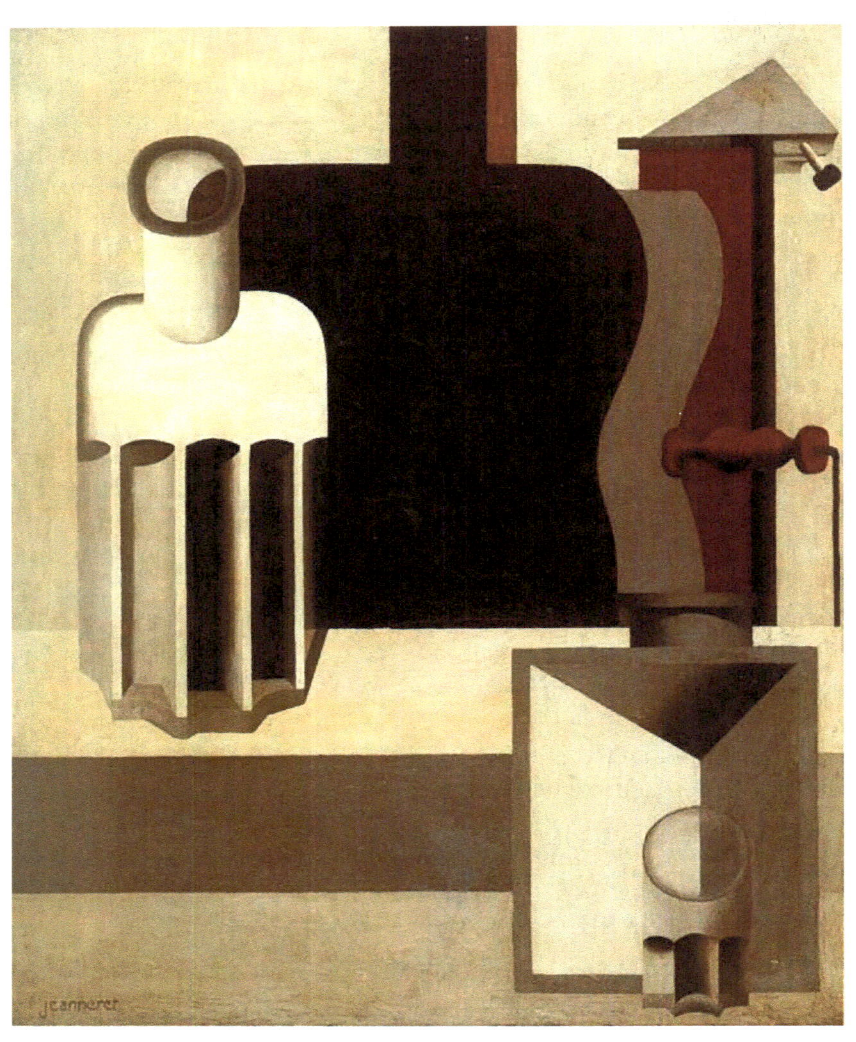

Charles Edouard Jeanneret: Vertikale Gitarre, zweite Version, 1920.

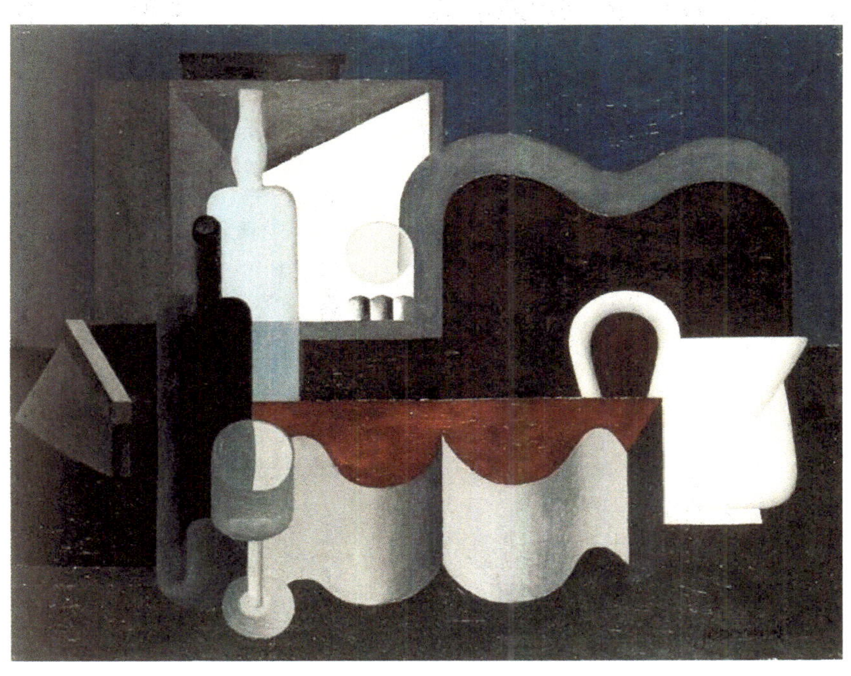

Charles Edouard Jeanneret: Stillleben mit weißem Krug vor blauem Hintergrund, 1919.

GEDANKEN ZU APRÈS LE CUBISME

Après le cubisme erschien kurz vor dem Ende des ersten Weltkriegs und wird am 15. Oktober 2018 hundert Jahre alt. Dies rechtfertigt eine neue Auseinandersetzung mit dem Text, der den Beginn des Purismus markiert, einer wichtigen programmatischen Strömung der Pariser Kunstszene seiner Zeit. Die auch heute noch herausfordernden Thesen des Textes verlangten nach einer Übertragung ins Deutsche, die dem Original möglichst in Wort und Wortstellung folgt und den apodiktischen Sprachgestus sowie die parataktische Anordnung der Sätze und Satzteile des Originals beibehält.

Après le cubisme wurde von Amedée Ozenfant, einem Pariser Maler und Kunsttheoretiker, und dem aus der französischen Schweiz stammenden Architekten Charles Edouard Jeanneret, dem späteren Le Corbusier, als Begleittext ihrer ersten Ausstellung zu einer puristischen Kunst im Jahr 1918 verfasst. Er steht am Anfang der intensiven Zusammenarbeit der Autoren und bildet das theoretische Grundgerüst des Purismus, einer ursprünglich für die Malerei entwickelten Gestalttheorie, die mit der Person Le Corbusier eine grundlegende Bedeutung für die Entwicklung der modernen Architektur erhielt. Le Corbusiers Architektur kann nicht ohne deren Herkunft aus der Malerei verstanden werden. Ihr liegt mit dem puristischen Programm eine ästhetische Theorie mit universellem Anspruch zugrunde. *Après le cubisme* fordert eine überzeitliche, der reinen Form verpflichtete Kunst ein. Narrative, symbolische oder analoge Elemente werden als nichtplastische Ingredienzien ausgeschlossen, um zu einer reinen Malerei vorzustoßen. Mit dieser Intention stand der Text zu seiner Zeit nicht allein. Was ihn unterscheidet, ist der Anspruch, rein plastische Mittel als überzeitliche Formkonstanten zu verwenden. *Après le cubisme* umkreist eine Moderne mit radikalem Anspruch, allerdings auf der Basis einer formalen Tradition, die Form und Formbeziehung überzeitlichen Regeln unterwirft. Das Neue des Purismus war radikal mit einem radikal überzeitlichen Anspruch.

In der von Philip Johnson und Henry-Russel-Hitchcock durchgeführten Ausstellung *Internationale Architektur* im Jahr 1931 im Museum of Modern Art verkörperte Le Corbusiers puristische

Baukunst am eindeutigsten die Prinzipien einer neuen, internationalen Architekturästhetik. Seine Architektur wurde das Paradigma einer radikalen Moderne und in der Nachfolge Voraussetzung einer sich differenzierenden Moderne. Wenn die Philosophiegeschichte als sich ständig erweiternde Fußnotenliteratur zu Platon interpretiert werden kann, so kann Le Corbusiers Architektur und Architekturästhetik als eine Quelle betrachtet werden, der die moderne Architektur einen fortgesetzten Kommentar hinzufügte: Le Corbusiers puristische Architektur beeinflusste nicht nur den Rationalismus der 20er und der 30er Jahre, auch die Architektur der 50er und der 60er Jahre verdankt wichtige Impulse der immer wieder sich erneuernden Architektur Le Corbusiers.

In den 70er Jahren beriefen sich auf ihn so unterschiedliche Architekten wie die neuen Rationalisten um Aldo Rossi und die New York Five, die Architekten Peter Eisenman, Richard Meier, Charles Gwathmey, Michael Graves und John Hejduk. Die Tatsache, dass die Gebäude von Le Corbusier für die Architektur des 21. Jahrhunderts noch paradigmatische Funktion besitzen, kann nur so gewertet werden, dass es sich hier um ein Architekturphänomen handelt, das die Prinzipien der Moderne in eine gültige Form-Strukturbeziehung überführte. Der Frage wie diese Beziehung interpretiert werden muss und was sie *Après le cubisme* schuldet, geht der vorliegende Essay nach.

Die ästhetischen Maximen des Purismus entstanden in der Auseinandersetzung mit dem Kubismus und bezogen sich deshalb zuerst auf die Malerei. Die nach einem selektiven Prinzip ausgewählten Bildgegenstände des puristischen Kunstwerks sollten durch ihre Anordnung im Bildraum eine selektiv ausgewählte ästhetische Reaktion im Betrachter evozieren. Der von Ozenfant und Jeanneret hierzu eingeforderte wissenschaftliche Ansatz hatte für die Bildgegenstände zur Folge, dass sie zu standardisierten, zweidimensionalen, flächigen Gebilden wurden. Im Idealfall besaß der puristische Bildgegenstand eine einfache geometrische Kontur mit flächiger Ausmalung, vergleichbar den Objekten einer technischen Zeichnung. Die besondere Affinität zu Konstruktionszeichungen brachte den Purismus damit bereits zu Beginn in die Nähe architektonischer Formfügungen.

Die Absichten von Ozenfant und Jeanneret, den damals einzigen Puristen, bestanden nicht in der Formulierung einer neuen avantgardistischen Malerei, sondern zielten auf eine grundsätzlichere Position: Kunst sollte nicht nur in einem autonomen Bereich stattfinden, sondern zu einer überzeitlichen Synthese von Wissenschaft und Kunst, Natur und Technik, Moderne und Tradition, Gesellschaft und Individuum führen. Die plastische Kunst von Ozenfant und Jeanneret und später die Architektur von Le Corbusier sollte auf wissenschaftlicher Basis eine ästhetisch vermittelte Erfahrung von Welt erreichen. Die damit verbundene wissenschaftlich-ästhetische Geisteshaltung verkörperte für sie der „l'esprit nouveau", den die Autoren später als Titel ihrer ab 1920 erschienenen Zeitschrift verwendeten, in der sie ihr in *Après le cubisme* entwickeltes ästhetisches Programm mit Aufsätzen wie „Sur la Plastique" und „Le Purisme" weiter präzisierten.

Trotz seines universellen Anspruchs formulierte *Après le cubisme* keine neue Form des Gesamtkunstwerks, wie es das Denken des 19. Jahrhunderts hervorbrachte, sondern forderte ein neues Verständnis des Objektes ein, dessen konstitutive Prinzipien sowohl in der klassischen Antike als auch in der szientifischen Moderne anzutreffen waren. Im Kern verkörperte das puristische Konzept damit auch eine antimoderne Haltung, welche die formale Innovation ausschloß, wie sie der Prozess der Moderne in allen Teilbereichen des Lebens hervorbrachte. Nicht der infinite Prozess der Verbesserung bestimmte die Evolution der puristischen Form, sondern das Herausschälen der überzeitlichen, unveränderlichen Form. Für die puristische Kunst führte dies zu Formschablonen und damit zum Ausschalten des Individuellen und Besonderen. Thema des Purismus und der puristischen Malerei war nicht das künstlerische Unikat, sondern die Formen, denen Allgemeingültigkeit zugesprochen werden konnte.

Die höchste Form von Kunst erreichte der Purismus in der Darstellung von gesetzartigen Prinzipien in der Subjekt-Objekt Beziehung. Hierfür stand der „objet-type" in der Malerei, der für die Puristen die evolutionär ausgereifte, reine Form und die höchste Stufe ästhetischer Erfahrung bedeutete. Le Corbusiers spätere puristische Architektur sollte deshalb mit dem „objet-type" mehr als nur die

Abbildung eines überzeitlichen Funktionalismus erreichen: Der „objet-type“ sollte die ideale, überzeitliche Materialisation der Funktion verkörpern und darüber hinaus eine wichtige ästhetische Funktion ausüben. Beide Kriterien besaßen gleiches Gewicht und dürfen beim „objet-type“ nicht isoliert betrachtet werden. Ozenfants und Jeannerets positive Besetzung der Maschinenform in den 20er Jahren ist dieser besonderen Verknüpfung von funktionaler Erfüllung und ästhetischer Funktion geschuldet. Die puristische Reinheit der Maschinenformen war Produkt ihrer mechanischen Präzision zur Erfüllung der Funktion und sie war zugleich eine Konstellation geometrischer Elementarformen. Werde die Architektur dem Programm der Maschine unterworfen, so die konsequente Feststellung Le Corbusiers, so werde sie wie diese die puristische Programmatik ohne „Abfälle“ verkörpern und zu einer überzeitlichen Form von Architektur werden.

1. Ozenfant und Jeanneret

Ozenfant war bereits in der Pariser Kunstszene durch seine Zeitschrift *L'Élan* als kritischer Intellektueller bekannt als er, vermittelt durch den Pariser Stahlbetonpionier August Perret, auf Charles Edouard Jeanneret traf. Jeanneret wurde am 6. Oktober 1887 in La Chaux-de-Fonds geboren, einem ca. 1000 Meter hoch gelegenen Ort im Schweitzer Hochjura und dort als Uhrengraveur und später als Architekt ausgebildet. Er hatte im Jahr 1908 als Konstruktionszeichner bei August Perret gearbeitet und war dadurch mit den neuesten Konstruktionstechniken in der Architektur vertraut. Jeanneret war nicht ohne Grund von seinem Heimatort La Chaux-de-Fonds nach Paris gezogen. In der Schweiz hatte er mit der Villa Schwob, einem für ihn sehr wichtigen Projekt, die ursprünglich angenommenen Baukosten überschritten und seinen Ruf als Architekt beschädigt.

Die Begegnung mit Ozenfant muss für Jeanneret wie eine Befreiung gewirkt haben. Beide Männer waren im Jahr 1918 um die dreißig und in ihrer künstlerischen Entwicklung geprägt von einer breiten Kenntnis historischer Kunst. Ozenfant und Jeanneret besaßen eine Affinität zur klassischen Kultur „expressing a love of the calm, sun-lit culture of the Mediterranean."[1] Beide Künstler stammten aus provinziellen Künstlerfamilien, besuchten bereits in einem frühen Alter eine Kunstschule, waren begierig nach Wissen und bereits weit gereist als sie sich begegneten[2]. Sowohl Ozenfants als auch Jeannerets Mutter waren musikalisch ambitioniert. Der Vater von Ozenfant war ein „craftman in concrete"[3] und Jeannerets Vater war durch seine kleine Emailfabrik fest mit der Uhrenindustrie von La Chaux-de-Fonds verbunden, was ihm später zum Problem werden sollte, als die deutsche Industrie durch ihre Massenproduktion dem wirtschaftlich zu 80 Prozent an einer exklusiven und hochpreisigen Uhrenindustrie hängenden La Chaux-de-Fonds den Markt streitig machte. Jeannerets Lehrer Charles L'Epattenier erkannte dies bereits früh und versuchte durch die Ausbildung seiner Schüler, insbesondere der von Charles Edouard Jeanneret, dieser Entwicklung entgegenzuwirken. Jeanneret wurde von ihm mehrfach nach Deutschland geschickt, um dort die neuesten Tendenzen im Industriedesign und Städtebau zu studieren. 1910 kam er mit Theodor Fischer in Kontakt, arbeitete von Herbst 1910 bis Frühjahr 1911 bei Peter Behrens, traf Hermann Muthesius, Bruno Paul und Heinrich Tessenow. Die Erträge seiner Begegnungen publizierte Jeanneret 1912 unter dem Titel *Étude sur le Mouvement d'Art Décoratif en Allemagne*. Das Thema Standardisierung in der Architektur war Jeanneret aus der Diskussion im Deutschen Werkbund bekannt[4]. Der später von ihm entwickelte Begriff des „objet-type" für die Architektur verarbeitete die von Muthesius geforderte Standardisierung und die von ihm bereits im Jahr 1913 proklamierte Ästhetisierung der Maschine[5].

Wesentlichen Einfluss auf die ästhetische Ausbildung Jeannerets

---

1 Susan L Ball.: *Ozenfant and Purism*, S. 32.

2 Ebenda, S. 32.

3 Ebenda, S. 32.

4 Reyner Banham: *Die Revolution der Architektur*, S. 175.

5 „Jedenfalls entwickelte sich von allen Werken des Ingenieurs am ehesten die Maschine zu einem reinen Stil, der am Beginn des laufenden Jahrhunderts so gut durchgebildet dastand, daß es üblich wurde, die sogenannte Schönheit der Maschine zu bewundern und in ihr gewissermaßen die ausgeprägteste Erscheinung einer modernen Stilbildung zu erblicken. In modernen Kunstbetrachtungen spielt seit etwa zehn Jahren diese Schönheit der Maschine, an die sich gewöhnlich Betrachtungen über die sogenannte reine Zweckform knüpfen, eine gewichtige Rolle." Hermann Muthesius: „Das Formproblem im Industriebau", S. 25.

übte die Bekanntschaft mit Jacques Dalcroze und Adolphe Appia aus. Vor allem die Begegnung mit Appia war für Jeanneret wichtig. Er traf ihn während eines dreitägigen Besuchs bei seinem Bruder Albert in der Anstalt für rhythmische Gymnastik in Hellerau im Oktober 1910. Jeanneret beschreibt ihn in einem Brief an seine Eltern als zugleich energische Person, Träumer und Dichter[6]. Appia strebte nach „geistigen Räumen" durch strenge Stilisierung. Seine Bühnenarchitekturen inszenierten starke Licht- und Schattenkontraste auf präzisen, kubischen Architekturen mit blockartigen Mauern und Pfeilern oder Treppenlandschaften, die eine rhythmische Bewegung der auf ihnen agierenden Tänzer evozierten (Abb. 1)[7].

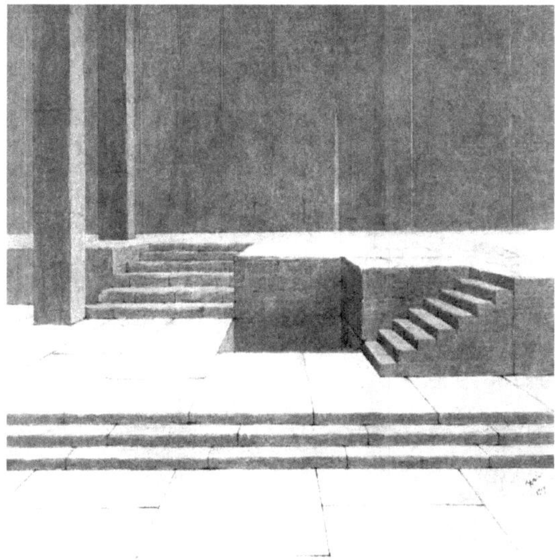

Abb. 1: Adolphe Appia: *Echo und Narziss*, publiziert 1921.

Sie sind ein Vorbote von Le Corbusiers Rezeption der Akropolis während seiner Orientreise und seiner rein formalen Architekturauffassung im Parthenonkapitel in *Vers une architecture*. Mit ihren auf

6 Turit Fröbe.: *Die Inszenierung eines Mythos*, S. 113.
7 Ebenda, S. 110-111.

ein Minimum reduzierten Architekturelementen verweisen sie auf die späteren kargen Sprachelemente des Purismus.

Ozenfant hatte ähnliche Vorlieben wie Jeanneret und eine vergleichbare biographische Entwicklung durchlaufen. Er wurde am 15. April 1886 in Picardy geboren, einem Ort an dem es häufig regnete und der deshalb in ihm eine Sehnsucht nach einem warmen und sonnigen Klima weckte. Im Jahr 1900 wurde er krankheitsbedingt in den Süden in die Nähe von Bordeaux geschickt[8]; dort besuchte er eine dominikanische Schule und kehrte erst nach vier Jahren an seinen Heimatort Saint Quentin zurück. Der junge Ozenfant zeigte früh eine Faszination für Maschinen. Im Jahr 1910 entwarf er zusammen mit seinem Bruder ein Automobil, den HISPANO-OZENFANT, zu dessen funktionaler Gestaltung er einen Beitrag leistete[9]. Mit ihrem Auto, das im Salon de l'Automobile im Jahr 1911 ausgestellt wurde, weckten die Brüder die Aufmerksamkeit des spanischen Königs Alphonse XIII, der später einen Nachbau herstellten ließ[10]. Technikaffinität besaß auch sein Vater; Ozenfant nannte ihn einen großen Baumeister, der mit Hennebique, dem Erfinder des bewehrten Betons, zusammengearbeitet habe[11].

Die eigentliche Passion Ozenfants galt allerdings der Malerei. Als junger Mann begann er impressionistisch zu malen, indem er die reine Farbe direkt aus der Tube auf die Leinwand auftrug[12]. Während seiner „Voyage de Russie" mit Zina Klingberg, einer russischen Kunststudentin, die er an der Akademie La Pallette getroffen hatte, setzte er sich intensiv mit der russischen Landschaft auseinander. Die entstandenen Landschaftsbilder mit ihren weiten und flachen Horizonten und ihren aufgewühlten Wolkenbildern waren Reverenzen an Turners und Constables meteorologische Observationen[13]. Susan Ball bezeichnet Ozenfants Konfrontation

8 „ In 1900 he had become gravely ill with pleurisy." Susan L Ball.: *Ozenfant and Purism*, S. 8.

9 Ebenda, S. 9.

10 Ebenda, S. 9.

11 Susan L Ball.: *Ozenfant and Purism*, S. 8.

12 Ebenda, S. 9.

13 Ebenda, S. 10.

mit der russischen Landschaft und den Effekten der Natur als „awesome“: „The artist's enthusiasm for the subject and his awe before nature are recorded in brilliant color.“[14] Seit seiner Begegnung mit der russischen Landschaft behauptete Ozenfant, habe ihn der Begriff der Permanenz verfolgt[15], ein Begriff, der später in der puristischen Theorie mit der Forderung nach Konstanten und Invarianten eine zentrale Bedeutung erhalten wird.

Jeanneret vergleichbar durchlief Ozenfant eine lange Phase formativer Jahre, in der er eine Vielzahl von Stilen durchspielte[16]. Nachhaltig hat Ozenfant die Begegnung mit Paul Signac geprägt. Er wirkte auf ihn wie ein Katalysator, half ihm seine Ideen zu ordnen und ihnen eine spirituelle Ordnung und Ausrichtung zu geben[17]. Signac gab ihm auch den Hinweis Sisteron, das „Tor der Provence“[18], zu besichtigen. Ozenfant verfolgte das dramatische Landschaftsbild Sisterons während seiner ganzen Karriere[19]. Seine Sisteronbilder bestehen aus massiven, blockartigen, kubischen Gebäudeformationen, in denen bereits wesentliche Elemente der späteren puristischen Stillleben erkennbar sind: Reduzierung der Form auf ihre Kontur und flächige Gestaltung ihrer Binnenstruktur, monumentale Qualität und Dramatisierung durch Staffelung der Formen mit gezielten Lichteffekten.

Die Wende in Ozenfants formativen Jahren stellte sich mit der Herausgabe des Magazins *L'Elan* im April 1915 ein, mit der Ozenfant die Verbindung von Künstlern an der Front mit Künstlern in Paris sichern wollte. Das einzige Ziel von *L'Elan* sei die Propaganda für eine französische Kunst, die französische Unabhängigkeit und den wahren französischen Geist gewesen[20]. An der Arbeit an *L'Elan* beteiligten sich der Dichter Guillaume Apollinaire und der Maler Gino Severini[21], die Ozenfant mit den wichtigsten Vertretern der Avantgarde in Berührung brachten.

14 Ebenda, S. 10.
15 Ebenda, S. 10.
16 Ebenda, S. 10.
17 Ebenda, S. 13.
18 Ebenda, S. 12.
19 Ebenda, S. 12.
20 Ebenda, S. 14 und S. 15.
21 Ebenda, S. 19-24.

Auf Jeanneret, der sich wie Ozenfant mehrfach publizistisch versuchte, musste die Diskussion mit Ozenfant und der Pariser Avantgarde wie eine Bündelung latenter Ideenansätze gewirkt haben. Die Abstrahierung des Gegenständlichen und seine Rekonstruktion anhand geometrischer Ordnungsprinzipien war Jeanneret durch Charles L'Eplattenier, seinem Lehrer an der Ecole d'Art in La Chaux-de-Fonds, bereits früh durch Zeichenübungen vertraut. Diese Zeichentechnik rückte aber erst durch die Begegnung mit Ozenfant ins Zentrum einer philosophisch-ästhetischen Theorie. Ozenfant kam in malerischer wie in theoretischer Hinsicht zunächst die führende Rolle eines Mentors zu. Jeanneret beschreibt ihn in einem Brief an William Ritter als seinen Meister, den er seit langem gesucht habe[22]. Er nennt Ozenfant ruhig und stark und mit dem schärfsten Geist ausgestattet, der ihm begegnet sei und ist stolz darauf, mit ihm, der mit Picasso und Apollinaire verkehre, gemeinsam ausstellen zu dürfen[23]. Jeanneret steuerte zur ersten Ausstellung der Puristen nur zwei Bilder bei, allerdings sei es in der gemeinsamen Ausstellung auch um mehr als um das Zeigen eigener Werke gegangen. Die Puristen gingen gemäß einer Lehre vor, die sie eng verbinde und die ihnen Vertrauen gebe, da sie auf den Stärken der Vergangenheit basiere[24] und sie seien „trop pétris des satisfactions du beau travail moderne, de son intelligente conduite, de son formidable calme grandeur à venir, pour ne pas chercher loin du cubisme une expression adéquate à cette vie.“[25] Tatsächlich werden allerdings die zwei einzigen Puristen dann den Kubismus zwar als wichtige Vorläuferkunst anerkennen, ihn aber zu einer inferioren Form von Kunst erklären.

22 Le Corbusier und William Ritter: *Correspondance croisée 1910-1955*, S. 659.

23 Ebenda, S. 659.

24 Ebenda, S. 660.

25 Ebenda, S. 660.

2. Après le Cubisme

Der Kubismus wird in *Après le cubisme* als eine „art trouble d'époque trouble“[26] bezeichnet und als nicht mehr zeitgemäß abgewertet. Die puristische Kunst dagegen verkörpere den Zeitgeist, denn durch ihn, so Ozenfant und Jeanneret, leuchteten Ordnung und Reinheit und würden dem Leben Orientierung geben[27]. Obwohl Ozenfant in der von ihm herausgegebenen Zeitschrift *L'Élan* den Kubismus zuvor verteidigte, wird dieser dann in *Après le cubisme* mit dem Argument kritisiert, nur der Purismus verkörpere den neuen Geist, da nur dieser wesensverwandt mit dem wissenschaftlich-technischen Geist sei und damit die Dichotomie von Kunst und Wissenschaft beende. Diese Kernthese der Theorie des Purismus bereitet im ersten Kapitel die Kritik des Kubismus vor.

Kubistischer Malerei komme das Verdienst zu, beim Eliminieren narrativer Eigenschaften des Bildes am weitesten gegangen zu sein[28]. Dies habe allerdings dazu geführt, dass sich die Ästhetik des kubistischen Bildes in nichts von der Ästhetik eines Teppichs unterscheide[29]. Diese Form der Bildästhetik sei nicht neu, sondern sei als ornamentale Ästhetik ein sehr altes System, das älteste von allen[30]. Die „Nicht-Repräsentation“ sei kein neues, plastisches Ausdrucksmittel, sondern ein antikes, so dass die Kubisten wie traditionelle Ornamentiker gehandelt hätten und auch als solche zu betrachten seien[31]. Kubistische Bilder führten denen köstliche Sinneseindrücke zu, die einen bloßen Augenzauber suchten, weshalb sie auf einer Stufe mit der Kochkunst stünden[32]. Die Rückkehr der kubistischen

---

26 Amedée Ozenfant und Charles Edouard Jeanneret: *Après le cubisme*, S. 12.

27 „Voici que l'ordre, la pureté, éclairent et orientent la vie.“ Ebenda, S. 12.

28 „En réalité, ils sont, parmi les plasticiens modernes, ceux qui ont été le plus loin dans cette voie […].“ Ebenda, S. 14.

29 „Il n'y a pas de difference entre l'esthétique d'un tapis et celle d'un tableau cubiste.“ Ebenda, S. 15.

30 „Le Cubisme n'a fait que remettre en honneur dans la peinture un très ancient système, le plus ancient de tous, l'esthétique ornamentale; […]“ Ebenda, S. 15.

31 „On voit que la >non-représentation< n'est pas un nouveau moyen plastique mais au contraire un antique moyen; […] ils (die Kubisten) n'ont pas cessé d'agir comme des ornemanistes traditionelles […].“Ebenda, S. 17.

32 „Il est entendu que les tableau cubistes procurent des sensations délicieuses à ceux qui cherchent le ravissement des yeux; […].“ Ebenda, S. 18.

Kunst zur einfachen Wahrnehmung, zur puren Form und zur puren Farbe wird zwar als notwendiger Schritt anerkannt[33], sie wird jedoch polemisch als Rückkehr zu einer früheren, minderwertigen Form künstlerischen Ausdrucks erklärt. Die reine Wahrnehmung entspreche einer ornamentalen Kunst, wogegen die Organisation roher Wahrnehmungen – Farben und reiner Formen – höhere Kunst sei[34]. Zwei Aspekte werden am Kubismus getadelt: Der nicht organisierte ästhetische Genuß des kubistischen Bildes und eine falsche, bzw. verwirrende Bildgegenständlichkeit.

Im zweiten Kapitel wird als neuer Geist der „l'esprit moderne" postuliert, der sich in den Fabriken und deren Produktionsbedingungen zeige, von dem die esoterische Kunst des Kubismus, deren Künstler in elitären Zirkeln verkehrten und von der Gesellschaft abgeschottet seien[35], sich wesentlich unterscheide. Dies sei Ursache dafür, dass die kubistische Kunst keine Kunst ihrer Zeit sei. Der „l'esprit moderne" dagegen fordere eine radikal zeitgemäße Kunst, deren Vorbilder bei den industriellen Produktionsbedingungen und der ästhetischen Qualität von Maschinen und Fabrikhallen zu suchen seien. „Macht und Klarheit"[36] der Maschinen erlaubten es dem Arbeiter einen kollektiven Stolz an einem Werk der Perfektion zu empfinden[37]. Die Reinheit und Klarheit der Maschinen und Fabrikarchitekturen schaffe eine neue Empfindung, einen neuen Genuss.

Die Stärke der „delectation nouvelle" ziehe eine Reflexion nach sich[38]. Es seien die exakt bestimmbaren Bildobjekte und die präzise Bildkalkulation, die das ästhetische Erleben auslösten. Präzision fanden die Puristen in den von „phrasenloser Reinheit"[39] ausgeführten Fabrikhallen, der „großen ausdrucksstarken Ordnung ihrer

33 „Il faut toutefois reconnaître que ce retour aux *elements* de l'art, simple sensation, – en l'espèce forme pure, couleur pure, était nécessaire." Ebenda, S. 18.

34 „Sensation pure: art ornamental. Organisation des sensations brutes, – couleurs et formes pures – : art supérieur." Ebenda, S. 19.

35 Ebenda, S. 29 und 30.

36 „[...] la puissance, la claré [...]" Ebenda, S. 26.

37 Ebenda, S. 26.

38 „Cet épurement crée en nous une sensation nouvelle, une delectation nouvelle, don't l'importance donne à réflechir; [...]" Ebenda, S. 28.

39 „Cet épurement crée en nous une sensation nouvelle, une delectation nouvelle, don't l'importance donne à réflechir; [...]" Ebenda, S. 28.

ernsten Massen"[40] und den dort aufgestellten Maschinen[41]. Dabei ist der in den Fabrikhallen und der technischen Welt wahrgenommene „l'esprit moderne" kein genuin modernes Phänomen, sondern verwies für die Puristen auf eine Konstante, die sie bereits in der antiken griechischen Kultur erkannten[42]. Der „l'esprit moderne" entsprach einer permanenten Moderne, die mit der Konzeption des Artefakts zusammenhing. Den Geist dieser permanenten Moderne galt es nur wiederzubeleben, um auf diese Weise die Moderne aus der Tradition fortzuführen. Die später von Le Corbusier angewandte Parallelisierung von Automobilen und Tempelarchitekturen in *Vers une architecture* ist aus diesem Grund auch nicht provokativ zu verstehen, sondern entspricht einer grundlegenden These des Purismus.

Der „l'esprit moderne", dessen wesentliche Ausprägung sich in der industriellen Kultur vollziehe, forderte für die Kunst gleichfalls eine technisch-mathematische Präzision in Ausführung und Komposition ihrer Bildgegenstände. Es handle sich dabei um keine Methodik, die universell angewandt werden könne, sondern um eine „Gemeinsamkeit der Geisteshaltung"[43]. Kunst und Wissenschaft verwendeten zwar unterschiedliche Mittel, denn Kunst solle weder nach Art der Maschinen hergestellt werden noch die Maschinen nachbilden[44], sondern sie solle in gleicher Weise rigoros sein wie die rigorosen Fakten, einfach und rein wie Maschinen sind[45]. Es handle sich um die Formulierung künstlerischer „Gesetze", die als „unausweichliches Gerüst"[46] den natürlichen Dingen zu Grunde liegen würden.

In „LES LOIS", dem dritten Kapitel in *Après le cubisme*, werden die metaphysischen Grundlagen des Purismus formuliert. Zur Präzisierung der Form und ihrer Beziehungen werden „Konstanten" und „Invarianten" postuliert, die als unveränderliche Bestimmungen den entdeckten Naturgesetzen der empirischen Wissenschaften

40 „Les bâtimentd d'usines avec leur grande ordonnance expressive presentment leurs masses sereines;" Ebenda, S. 28.

41 Ebenda, S. 28.

42 Ebenda, S. 28.

43 „une communauté d'esprit" Ebenda, S. 33.

44 Ebenda, S. 33.

45 „[…] purement et simplement que le sont les machines" Ebenda, S. 34.

46 „l'armature fatale" Ebenda, S. 33.

entsprechen sollen. „Les lois vérifiées sont des constructions humaines qui coïncident avec l'ordre de la nature; [...]"[47]. Die Koinzidenz von menschlicher Konstruktion und Natur begründet der puristische Anthropozentrismus, der es sich grundsätzlich offen halten muss, ob die jeweilige Konstruktion auch abschließend eine gültige Konstruktion der Natur darstellt oder ob nicht andere „constructions humaines" eine bessere Koinzidenz mit der Natur herstellen können. Wissenschaftliche Methoden seien nur Maschinen, welchen man neue Ideen geben müsse, wenn man am Ende neue Gesetze sehen wolle[48]. Die „constructions humaines" stellen nur vorläufig verifizierte „Konstanten" und „Invarianten" dar, sie sind „la faculté d'imaginer d'après des bases sûres"[49].

Ziel des puristischen Bildes ist es, die Naturphänomene nicht abzubilden, sondern die Natur strukturontologisch ins Bild zu überführen, sie quasi in ihrem Gesetzescharakter mimetisch erlebbar werden zu lassen und sie auf diese Weise in die ästhetische Sphäre zu überführen. Ästhetische Nähe zur Wissenschaft und zu den Gesetzen der Natur zeigten die Objekte der Industrie und die Maschinenbauformen. Sie besaßen die eingeforderte Klarheit und Präzision, die die Puristen in gleicher Weise von ihrer Kunst einforderten. Grund hierfür sei die gemeinsame Basis der Zahl[50], die eine Durchlässigkeit von der Welt der reinen Wissenschaft zur Kunst herstelle. Doch welche Zahl ist hier gemeint? Handelt es sich um die grundsätzliche Möglichkeit, die Natur in mathematische Gleichungen zu übersetzen, oder wird die Zahl als ontologische Entität verstanden, der nach der pythagoreisch-platonischen Metaphysik Qualitäten zugeordnet werden? Die Natur handle, so Ozenfant und Jeanneret, nach der Manier einer Maschine, einer sehr komplizierten Maschine, die ein sehr komplexes Gewebe ausführe, das auf einem geometrischen Rahmen gewebt sei[51]. Diese Aussage kann sich auf

47 Ebenda, S. 41.
48 Ebenda, S. 42.
49 Ebenda, S. 42.
50 „l'art et la science dependent du nombre" Ebenda, S. 40.
51 „Les lois nous permettent de considérer que la nature agit à la manière d'une machine. Il sort de cette machine très compliquée un tissue très complexe, mais tissé sur trame géométrique." Ebenda, S. 41.

die pythagoreisch-platonische Ontologie der Natur beziehen, sie kann aber auch im Sinne der Molekularchemie interpretiert werden. Die Klärung der Frage blieb offen, weil sie für die Puristen letztlich nicht entscheidend war. Ihnen ging es nicht um eine Kunst, die als Wissenschaft zu verstehen ist, sondern um das Verständnis einer Kunst, die visuell-ästhetisch den Gesetzescharakter der Dinge sichtbar macht.

„LE PURISME N'ENTEND PAS ÊTE UN ART SCIENTIFIQUE, CE QUI N'AURAIT AUCUN SENS."[52]

Kunst und Wissenschaft basierten zwar auf den gleichen Gesetzen, ihre Mittel seien aber nicht einfach von einer Disziplin auf die andere übertragbar. Die anthropozentrische Basis des Purismus forderte für die bildende Kunst andere Mittel ein, als sie in den empirischen Wissenschaften angewandt werden. „Nous sommes des hommes. Un art qui procède de la conaissance des lois est un art essentiellment humain, pur de tout occultisme, un art pur à base de physique."[53] Die anthropozentrische Grundlage der puristischen Kunst führt zu einer Hierarchie des Sujets[54]: „On ne peut pas tout peindre, parmi les sujets innombrables; il vaut donc mieux choisir; choisir ceux qui portent en eux le plus rendement de beauté plastique."[55] Unter den zahllosen Motiven seien jene zu präferieren, die den höchsten Ertrag an plastischer Schönheit lieferten. Ozenfants und Jeannerets Analogie von Kunst und Wissenschaft fordert von der Kunst also nicht wissenschaftliche Naturerkenntnis, sondern wissenschaftliche Kenntnis der ästhetischen Wirkungen plastischer Werke auf den Menschen. In der Auswahl des Sujets wurde deshalb eine Rangordnung aufgestellt, die an unterster Stelle anorganische Bildungen anordnete und an deren Spitze den Menschen platzierte: „la figure humaine; c'est elle qui détient le plus haut rendement

52 Ebenda, S. 59.

53 Ebenda, S. 45.

54 „Mais il demeure que nous sommes des hommes (anthropocentrisme) et que nous devons choisir pour des hommes (anthropomorphisme)." Ebenda, S. 47.

55 Ebenda, S. 45.

de plasticité."[56] Wer allerdings puristische Stillleben betrachtet, wird auf ihnen äußerst selten die Darstellung von Menschen finden.

Obwohl die Puristen der menschlichen Figur den größten plastischen Ertrag zusprachen, war ihre Verwendung in der puristischen Malerei nicht vorgesehen. Eine menschliche Gestalt und das „Fleisch" des Gesichts würden alle anderen Gegenstände eines Raumes überstrahlen und sie auf die Rolle des Dekors herabsinken lassen[57]. Wenn also die anderen Gegenstände neben der menschlichen Gestalt derart verblassen, so ist es nur konsequent, sie nur in Ausnahmefällen als Sujet zu verwenden. Die Bildobjekte der Puristen sind Gebrauchsgegenstände, wie sie seit Jahrhunderten vom Menschen im Alltag verwendet wurden und ihm vertraut sind[58]: Karaffen, Gläser, Teller, eine Violine, ein Buch, eine Pfeife und andere alltägliche Gegenstände. Das puristische Bild basiert wesentlich auf der formalen Permanenz seiner Bildgegenstände und deren Unveränderbarkeit[59].

In „LES LOIS" wird im Unterabschnitt „MÉCANISME DE L'ÉMOTION" eine weitere zentrale Prämisse der puristischen Idee formuliert. Das, was in der Malerei realisiert werden müsse, sei nicht das Objekt selbst, da dies nur einer rohen Empfindung von Schönheit entspreche, sondern die Emotion, die das Objekt hervorrufe[60]. Für die Puristen hatte die ästhetische Apperzeption eine mimetische Resonanz beim Rezipienten auszulösen, die das innere Empfinden in eine exakt kalkulierbare, proportionale Beziehung zum ästhetischen Reiz brachte. Kunst sollte weder kritisieren noch nur dem ästhetischen Genuss dienen, sondern eine kontemplative Reflexion

---

56 Ebenda, S. 46.

57 „Mais la figure trône en reine et fait passer la nature-morte au rôle de décor. La chair du visage est d'matité plus belle que celle du bois, la lumière du front est plus belle que celle des feuilles de papier, les éclats des yeux sont plus beaux que ceux du couteau." Ebenda, S. 46.

58 „Ce peut être un humble sujet; ce sera souvent un humble sujet car, par exemple, une bouteille de forme courante, banale pour un indifférent, porte en soi et pour cela même une haute généralité." Ebenda, S. 54.

59 „Ce premier choix fixé, on tendra au général. La généralité est ce qu'il y a d'invariable dans la forme, ce qui est permanent, ce qui dure dans le temps. Nous discernons dans chaque object des formes inhérentes à leur constitution, les caractérisant indépendamment des conditions secondaires qui les modifient un instant." Ebenda, S. 55.

60 „Ce qu'il faut materializer c'est non l'objet lui-même, non la sensation brute de beauté, mais l'émotion qu'il provoque." Ebenda, S. 43.

bewirken. Die Sinnesorgane, insbesondere das Auge, wurden von ihnen als Resonanzkörper gedacht[61]. Im Ergebnis handle es sich bei unseren plastischen Sinnen um „batteries de résonnateurs accordés chacun à des ondulations déterminée [...]“, deren Anzahl sich in dem Maß erweitere, wie Entdeckungen neue Sichtweisen auf die Materie und die Natur mit sich führten[62]. Die Entwicklung apperzeptiver Fähigkeiten des Menschen wird also keineswegs als abgeschlossen betrachtet, sondern als entwicklungsfähig, wie es beispielhaft die Akzeptanz der kubistischen Kunst in der Öffentlichkeit zeige. Eines Tages öffneten sich unsere Sinne einer „totalen Harmonie der Welt“, um das zu empfinden, was wir heute limitativ mit Schönheit bezeichneten[63]. Die Domäne des Hässlichen, so die Autoren, nehme in dem Maße ab, wie wir uns daran gewöhnten, es zu genießen[64] .

Ein Artist unterscheide, er treffe eine Wahl, denn er suche nicht die „sensation brute de beauté“, die „rohe Sinnesempfindung der Schönheit“, sondern die „emotion qu'provoque“[65]. Ozenfant und Jeanneret vertraten die These, dass genau diese Emotion sich präzise bestimmen lasse. Es gebe eine „concordance pour ainsi dire symétrique entre les *nombres* constitutifs de l'objet qui semble beau et l'œuvre qui traduit exactement la beauté de cet objet [. . .]“[66]. So wie es die einfachen Dinge des täglichen Lebens sind, die ein hohes Maß an Standardisierung erreicht haben, so soll der postulierte Mechanismus des Gefühls in *Après le cubisme* auf standardisierten Reiz- Reaktionsmustern, einer Art „ästhetischen Mechanik“ beruhen, die auf Zahlen fußt. Ozenfant und Jeanneret verwendeten Begriffe der damals aktuellen „physiologischen Ästhetik“, die das Schöne anhand physiologischer Reize erklärte und sie behaupteten, dass es vor allem Zahlen seien, die ursächlich für die Empfindung des Schönen seien. Damit versuchten sie einerseits das Schöne physiologisch abzuleiten und formulierten andererseits

61 „Admettons que l'œil est un résonnateur [...].“ Ebenda, S. 44.
62 Ebenda, S. 45.
63 Ebenda, S. 44.
64 Ebenda, 44 und 45.
65 Ebenda, S. 43.
66 Ebenda, S. 43.

mithilfe von Zahlen eine platonisch-pythagoreische Ontologie. Das Schöne soll einer inneren Mechanik der Apperzeption folgen und es soll Teil einer Ontologie sein, die die Natur und den Menschen bestimme.

3. Émouvoir - Der ästhetische Zustand

Im Jahr 1918 war der Kubismus in Paris in weiten Teilen eine anerkannte und beim Publikum etablierte avantgardistische Kunstrichtung. Mit dem Beginn des Krieges geriet der Kubismus dann in einen politischen Konflikt, da er als hermetisch-verschlossene, individuell-dichterische Kunst galt. Wegen seines lyrisch-individuellen Charakters wurde er als eine Form deutscher Kunst betrachtet, die einer französischen Geisteshaltung nicht entsprach. Vorwürfe dieser Art waren folgenreich, da mit ihnen die Vermutung einer antinationalistischen Haltung während der Kriegsjahre verbunden wurde[67].

Jede Form von Avantgarde, so Susan Ball, sei während der Kriegszeit suspekt gewesen[68]. Ozenfant verteidigte zwar zunächst in seiner Zeitschrift *L'Elan* den Kubismus gegenüber reaktionären Vorwürfen, die in ihm eine „art boche“, eine deutsche Form von Kunst sahen. Seine Haltung gegenüber dem Kubismus änderte sich erst, als Madam Bongard, die als Kuratorin Ozenfants Bilder mit anderen Avantgardisten im Jahr 1916 ausstellte, einen Skandal verursachte, der die rechte patriotische Presse davon überzeugte, dass der Kubismus eine „art boche“ sei. Die Teilnahme Ozenfants an dieser kontroversen Ausstellung brachte ihn nicht nur in engen Kontakt mit den führenden Avantgardekünstlern, sondern veränderte im Ergebnis den Charakter seines Magazins *L'Elan*[69].

Auf Vorschlag von Léonce Rosenberg hatte Ozenfant einen Passus des platonischen *Philebos* in der 9. Ausgabe von *L'Elan* abdrucken lassen[70]. Rosenberg eröffnete mit seiner Galerie de *l'Effort Moderne* einen Treffpunkt für Künstler, die sich als „klassische Kubisten“

67 Susan L Ball.: *Ozenfant and Purism*, S. 15.
68 Ebenda, S. 15.
69 Ebenda, S. 19.
70 Ebenda, S. 22.

betrachteten[71]. Am Ende des Jahres 1916 habe es, so Susan Ball, in Paris einen künstlerischen Stil gegeben, der durch den Kubismus und den Futurismus gekennzeichnet gewesen sei, und der sich schnell in Richtung eines neoplatonisch motivierten Klassizismus zubewegt habe[72]. Allerdings habe es, so Reyner Banham, bereits in den Jahren 1911 bis 1913 drei Anwendungen des Phileboszitats im Kreis von Alfred Stieglitz gegeben: Die erste bezog sich auf Picasso im Jahr 1911, die zweite auf den Kubismus, den Futurismus und die reine Abstraktion im Jahr 1913 und die dritte im gleichen Jahr auf Francis Picabia während einer Diskussion über seine eigenen Gemälde[73]. In der Malerei der Moderne war also bereits vor dem Abdruck des Phileboszitats in *L'Elan* eine Wiederaufnahme platonischen Gedankengutes präsent. Dies ist auch nicht verwunderlich, denn eine Kunst, die sich mit den autonomen Gestaltungsmitteln der Malerei beschäftigte, musste fast zwangsläufig mit platonischem Gedankengut in Berührung kommen und dadurch einen wesentlichen Aspekt der französischen Tradition thematisieren: die Vorliebe für Rationalität und Geometrie[74].

Der platonische *Philebos* behandelt den Zusammenhang von schöner Form und geometrischer Präzision. Platons Theorie der Mimesis, nach der das Schöne umso reiner erscheine, je näher es seiner ideellen Form komme, trifft in besonderer Weise für die Formen der reinen Geometrie zu[75]. „Denn diese, sage ich, sind nicht in Beziehung auf etwas schön wie anderes, sondern immer an und für sich sind sie ihrer Natur nach schön und haben eine eigentümliche Lust, die nichts mit der des Kitzels zu schaffen hat; und so auch Farben sind nach dieser selben Weise schön und haben ihre Lust."[76] Beide Momente, die geometrisch reine Form und die in der Betrachtung mit ihr verbundene „eigentümliche Lust"

71 Ebenda, S. 22.

72 Ebenda, S. 22.

73 Reyner Banham: *Die Revolution der Architektur*, S. 173.

74 Ball Susan L.: *Ozenfant and Purism*, S. 22.

75 „Ich versuche also als Schönheit der Gestalten die nicht, was wohl die meisten glauben möchten, zu erklären, etwa die der lebenden Körper oder die gewisser Gemälde; sondern ich nenne etwas gerade, sagt meine Erklärung, und etwas rund, und aus diesen wiederum die Flächen und Körper, welche gedreht werden oder durch Richtschnur und Winkelmaß bestimmt, wenn du mich verstehst." Platon: *Philebos*, S. 121 und S. 122.

76 Ebenda, S. 122.

hängen eng zusammen und bilden den theoretischen Kern der platonischen Ontologie. Die platonische Mimesistheorie spricht den geometrischen Elementen eine höhere ontologische Valenz zu, als sie eine gegenständliche Kunst jemals erreichen könnte. Sie sind „reine Präsenz" der Ideen und damit verkörpertes Sein. Obwohl die Avantgarde nicht ontologisch argumentierte, verband sie mit dem Platonismus eine Kritik an einer falschen Gegenständlichkeit und ein Verlangen nach reiner Form, der Präsenz des „absoluten Objekts".

Das, was Platon als „eigentümliche Lust" in der Betrachtung der Formen bezeichnet, ist mit einem negativen Verdikt einer Kunst gegenüber verbunden, die das Aufwühlende, Böse oder Schreckliche oder nur das Vage und Unbestimmte darstellt. Ziel der platonischen Kunst und darin sind ihr die Kubisten, die De Stijl-Künstler und die Puristen gefolgt, ist das ruhige Sentiment der Kontemplation. Die platonische Bildkonzeption der Avantgarde, die aus einer Konstruktion „absoluter Objekte" besteht, die in eine präzise Beziehung unter Verwendung bestimmter mathematischer Zahlenproportionen zueinander gebracht werden, war nicht Selbstzweck, sondern zielte vor allem auf eine selektive ästhetische Erfahrung des Rezipienten.

Die De Stijl-Bewegung vertrat mit dem Neo-Plastizismus einen vergleichbaren Neoplatonismus[77]. Mondrian[78] bezeichnete den Kubismus als Wurzel des Neo-Plastizismus[79] und betrachtete ihn wie die Puristen als unmittelbaren geistigen Vorläufer. Der Platonismus von De Stijl war allerdings deutlich ausgedünnter, da De Stijl ohne eine reale, gegenstandsbezogene Objektwelt nur durch die Verhältnisse zweidimensionaler Flächen und Strukturen ein ästhetisches Gleichgewicht herstellte. Einzig die Komposition farbiger Rechtecke führte für Mondrian zur „tiefsten Realität"[80]. Er bezeichnete die Ausschaltung der Objektwelt als Eliminierung des „Tragischen" in der Malerei[81]. Wie dem Purismus ging es dem Neo-Plastizismus

77 Siehe hierzu: Susan L Ball.: *Ozenfant and Purism*, S. 21.

78 Mondrian war Mitbegründer von De Stijl, lebte von 1911-1914 in Paris, setzte sich dort mit dem Kubismus auseinander und stellte bei Léonce Rosenberg aus. Karin v. Maur und Gudrun Inboden: *Malerei und Plastik des 20. Jahrhunderts*, S. 232.

79 Piet Mondrian: *Le Neo-Plasticisme*, S. 4.

80 Ebenda, S. 4.

81 Für Mondrian waren gegenständliche Darstellungen und das Körperliche mit dem Weiblichen verbunden, dem er das „Tragische" zuspricht. Die moderne Malerei wird

um den *l'esprit nouveau*[82] und die Darstellung des Universellen in der Kunst. Im Unterschied zum Purismus, der die Präzision der gegenständlichen Form suchte und das Räumliche durch Überlagerung von Formen beibehielt, ist die De Stijl-Kunst eine programmatisch nichträumliche Kunst. „Die farbigen Flächen drücken sowohl durch ihre Lage und Größe als durch die Stärke ihrer Farben bildnerisch nur Verhältnisse und nicht Formen aus."[83] Den Purismus und die De Stijl-Bewegung einte der Anspruch, durch das Kunstwerk eine Harmonie auszudrücken, in der sich das Individuelle und das Universelle ohne Rest integrierte[84], sie trennte allerdings grundsätzlich die Einschätzung der Bedeutung des gegenständlichen Objekts. Dieses forderten die Puristen ausdrücklich ein, da für sie die Eliminierung der Objekte der sinnlichen Welt zu einer Kunst führte, die sie beim Kubismus als Ästhetik des Ornaments bezeichneten[85] und damit als eine Art inferiorer Form von Kunst[86].

Die Idee zu einer neuen klassischen Periode in Form einer überzeitlichen Moderne lag nach der Jahrhundertwende in der Luft: Für Paul Desjardin waren Poussin, Corneille und Pascal bereits im Jahr

---

von ihm als sukzessiver Prozess der Eliminierung dieses „Tragischen" interpretiert, an dessen Ende der Kubismus und als dessen Erbe De-Stijl steht. „Dans la Peinture, le Néo-Impressionisme, le Pointillisme, le Divisionnisme tentèrent d'abolir la corporéïté dominant dans la plastique, en supprimant le *modelé* et la *vision perspective habituelle*. Mais ce n'est que dans le *Cubisme* que nous le trouvons érigé en système. Dans ce dernier, la plastique tragique perdit sa puissance dominatrice en majeure partie *par l'opposition de la couleur pure et l'abstraction de la forme naturelle*. De même, dans les autres arts, le Cubisme, comme le Futurisme, et plus tard le Dadaïsme, épurèrent et démolirent la domination du tragique dans la plastique. Mais la Peinture Abstraite Réelle ou Néo-Plasticisme « s'en libéra » en étant une plastique réellement nouvelle. En même temps, il s'éleva au-dessus de l'appréciation et la conception anciennes qui exigent la plastique tragique." Ebenda, S. 3.

82 Ebenda, S. 4.

83 Piet Mondrian: *Die neue Gestaltung*, S. 11. „Les plans colorés, tant par position et dimension que par la valorisation de la couleur n'expriment plastiquement que des rapports et non des formes." Piet Mondrian: *Le Neo-Plasticisme*, S. 4.

84 „Toutefois *l'abstrait* ne se réaliser pas par la stylisation, il n'apparît pas seulement par la simplification et l'épuration. Car *l'abstrait* reste *l'expression plastique en fonction de l'universel: c'est l'intériorisation la plus approfondie de l'extérieur et l'extériorisation la plus pure de l'intérieur.* (De Stijl, an 1, N.B., art. 3) Ebenda, S. 5.

85 Amedée Ozenfant und Charles Edouard Jeanneret: *Après le cubisme*, S. 15.

86 Ebenda, S. 45 und S. 46.

1904 wieder aktuell[87]. Maurice Denis rühmte Cézanne als den Poussin des Impressionismus und Apollinaire sagte 1911, der Kubismus habe Ingres verstanden[88]. *Après le cubisme* ordnet sich in eine Reihe von Büchern und Aufsätzen ein, die sich im ersten Viertel des 20. Jahrhunderts mit der Frage nach der Möglichkeit eines modernen, überzeitlichen Klassizismus in der französischen Tradition beschäftigten[89] und es steht zugleich in einer Reihe von Schriften, die die narrativen, inhaltlichen Motive ausschlossen oder zurückdrängten und nach einem intelligiblen Ideal klarer und schmuckloser Formen suchten[90].

In „Sur la Plastique" beschreiben Ozenfant und Jeanneret, wie ein Mensch Brotkrumen auf einem Tisch instinktiv ausrichte. Die so hergestellte Ordnung sei das Gesetz der wahrnehmbaren Welt und zeige, dass das Bedürfnis nach Ordnung das höchste Bedürfnis des Menschen sei und zugleich den Grund von Kunst darstelle[91]. Rationalität und präzise Formulierung der Bildkonstruktion sind typische Elemente der französischen Kunst und gaben ihr über die Jahrhunderte ein erkennbar eigenes Gepräge. Vor dem Hintergrund des Krieges setzte eine neue Rückbesinnung auf die traditionell französischen Werte und Ausdrucksinhalte ein. Von Cocteau stammt die Formel eines „rappel à l'ordre"[92], die eine Rückkehr zu klassischen Ordnungsstrukturen verlangte. Der Dichter Apollinaire gebrauchte den Begriff „l'esprit nouveau" im Jahr 1920[93], den Cocteau bereits im Jahr 1919 verwendet hatte und mit dem die Puristen in den frühen 20er Jahren in engem Kontakt standen[94]. Beide Begriffe sind Teil

87 Roxana Vicovanu: „Le difficile equilibre du ›retour a l'ordre‹, du ›classicisme moderne‹ et de ›l'avantgarde‹", S. 245. Paul Desjardin beschreibt Corneilles Strategie als Tragödiendichter beinahe schon puristisch: „Sa tragédie est sortie de son imagination solitaire et de ses lectures: elle est presque entièrement une construction de l'esprit, beaucoup moins el seulement par endroits une imitation de son expérience." Paul Desjardin: *La method des classiques français. Corneille – Poussin – Pascal*, S. 2.

88 Roxana Vicovanu: „Le difficile equilibre du ›retour a l'ordre‹ ", S. 245.

89 Roxana Vicovanu spricht von einem „génie français et ›principes générateurs‹". Ebenda, S. 244.

90 Ebenda, S. 245.

91 Amedée Ozenfant und Charles Edouard Jeanneret: „Sur la Plastique", S. 40.

92 Reyner Banham: *Die Revolution der Architektur*, S. 177.

93 Ebenda, S. 177.

94 Ebenda, S. 177.

einer Reformulierung einer neuen klassisch-französischen Kunst.

Am deutlichsten lässt sich die Entwicklung zu einem neuen Klassizismus bei Gino Severini ablesen, der sich seit 1906 in Paris aufhielt, in Verbindung mit den Kubisten stand und 1910 Mitunterzeichner des futuristischen Manifests war. Ab 1918 arbeitete Severini an der Zeitschrift *De Stijl* mit und 1919 hatte er eine Einzelausstellung bei Léonce Rosenberg[95]. Im Jahr 1921 publizierte Severini *Du cubisme au classicisme*, in dem er ästhetische Positionen vertritt, für die *Après le cubisme* als Blaupause gedient haben könnte. Wie für die Puristen war für ihn die Teilung von Wissenschaft und Kunst die entscheidende Ursache künstlerischer Verfallserscheinungen und wie diese erkannte er die Lösung des Problems in der Verwendung präziser Zahlenbeziehungen und kosmologischer Gesetzmäßigkeiten in der Malerei, wie sie bereits von Pythagoras und Platon formuliert worden waren[96]. Severinis Ziel war zweifellos ein neuer Klassizismus[97]. Programmatisch nennt Severini den Begriff des „bon goût" in Verbindung mit methodischen Konzeptionen: „On ne devient pas classique par la sensation mais par l'esprit; l'oeuvre d'art ne doit pas commencer par une analyse de l'effet, mais par une analyse de la cause, et on ne construit pas sans méthode et en se basant uniquement sur les yeux et le bon goût, ou sur de vagues notions générales."[98] Der „bon gout" war in der französischen Tradition eng mit einem konstanten

95 Karin v. Maur und Gudrun Inboden: *Malerei und Plastik des 20. Jahrhunderts*, S. 312.

96 „Une des grandes causes de notre déchéance artistique est sans aucun doute dans cette division de la Science et de l'Art. Si pour le mathématicien, le nombre est une abstraction, pour l'architecte, il devient le temple. Mais leur collaboration est nécessaire." Gino Severini: *Du cubisme au classicisme*, S. 16 „[...] les époques que nous admirons, au contraire, doivent leur grandeur à la conception de l'esprit et à l'esthétique du nombre." Gino Severini: *Du cubisme au classicisme*, S. 22. „On pourrait appeler cette harmonie vivante obtenue par les rapports graphiques : un équilibre de relations, car ainsi l'équilibre n'est pas le résultat d'égalités ou d'une symétrie telle qu'on l'entend aujourd'hui, mais résulte au contraire d'une relation de nombres ou de proportions géométriques qui constituent une symétrie par équivalents, telle que l'entendaient les Grecs. [...] Pythagore et Platon. [...] On peut définir ainsi le but de l'art : reconstruire l'univers selon les mêmes lois qui le régissent." Gino Severini: *Du cubisme au classicisme*, S. 23 und S. 24.

97 „Je crois sincèrement que le cubisme, tout en constituant la seule tendance intéressante au point de vue de la discipline et de la méthode, et tout en étant, de ce fait, à la base du nouveau classicisme qui se prépare, est néanmoins encore aujourd'hui à la dernière étape de l'impressionnisme." Ebenda, S. 20 und S. 21.

98 Ebenda, S. 20.

Ausdrucksideal verbunden. *Après le cubisme* kreist wie später Serverins *Du cubisme au classicisme* um eine methodische Formulierung des „bon goût“, ohne dass dieser Begriff explizit genannt wird. Er stellt jedoch die Klammer dar, die die platonische „reine Präsenz“ des absoluten Objekts an das französische Kunstempfinden band.

Der Begriff des „bon goût“ geht auf die Gründung der französischen Akademie in Rom in der zweiten Hälfte des 17. Jahrhunderts durch Colbert und Lebrun zurück, mit der dem universalistischen Anspruch Ludwig des XIV. in der Kunst Rechnung getragen wurde. In den Akademien wurden für alle künstlerischen Disziplinen lehrbare Regeln aufgestellt, die den nach Rom entsandten Künstlern die theoretischen und handwerklichen Grundlagen lieferten, mit denen sie später im absolutistischen Frankreich arbeiten sollten. Für alle Disziplinen sollte gelten, dass der Ausdrucksgehalt von Kunst über einen Prozess rationaler Analyse auf lehrbaren Prinzipien beruhte[99]. Die Akademien waren eine Art „Maschine“[100], die die Künstler an Regeln band, die wie im Falle von Lebruns 1702 erschienenen *Méthode pour apprendre à desinner les Passions* für die Malerei und die Skulptur exakte Instruktionen angeben, wie der einzelne Zustand einer Emotion darzustellen sei[101]. Ziel der barocken Affektenlehre war es, die dramatischen und bizarren Qualitäten des römischen Barock durch den „bon goût“ zu mäßigen oder zu vermeiden[102].

In der Eröffnungssitzung der Akademie im Dezember 1671 schlug François Blondel vor, in der folgenden Sitzung die Frage des „bon goût“ für die Architektur zu diskutieren[103]. Die Antwort, beim Geschmackvollen handle es sich darum, das zu formulieren, was intelligenten Menschen gefalle, konnte nicht befriedigen[104], denn damit entzog sich der Begriff einer eindeutigen Regel. Dennoch bildete die Diskussion, wie der „bon goût“ zu bestimmen und darzustellen sei, den Hintergrund in der nachfolgenden französischen Kunsttheorie. Blondels aus seiner Unterrichtstätigkeit hervorgegangene, in

99 Anthony Blunt: *Art und Architecture in France 1500 to 1700*, S. 186.
100 Ebenda, S. 186.
101 Ebenda, S. 200.
102 Ebenda, S. 187.
103 Hanno-Walter Kruft: *Geschichte der Architekturtheorie*, S. 146.
104 Ebenda, S. 146.

mehreren Bänden erschienene *Cours d'architecture* versucht, die dem höfischem Geschmack verpflichtete Angemessenheit durch Regeln für die Architektur zu formulieren. Er steht damit am Anfang einer Diskussion, die sich bis ins 20. Jahrhundert fortsetzte und mit *Après le cubisme* eine neue Bedeutung erhielt. Obwohl Blondel in *Après le cubisme* nur nebenbei erwähnt wird[105], kommt ihm eine zentrale Position innerhalb des Werks zu, da er die alte akademische Doktrin vertrat, die für das künstlerische Werk die Vorherrschaft der Vernunft, die Anwendung fester Regeln und die Nachahmung der großen Meister verlangte[106]. Mit der Vernunft, so Blondel, könnten bestimmte Regeln abgeleitet werden, die von absoluter Gültigkeit seien[107]. Sein „principe stable & constant" ist eine Anweisung zu „étude & la meditation" des „bon goût" mithilfe der Architektur. Die Mathematik liege sowohl der Musik und der Architektur zugrunde und deren Zahlenverhältnisse bringe ein „göttliches Konzert" hervor, wenn man sich in sie versenke und deren unendliche Konsequenzen und Regeln reflektiere[108]. François Blondel adaptierte in seinem 1698 erschienenen *Cours d'architecture* das pythagoreisch-platonische Modell als Grundlage seiner Architekturtheorie mit der Begründung, dass die Natur immer dieselbe sei und dieselben Zahlen angenehm sowohl unsere Ohren in einem Konzert berührten wie unserer Seele ein wunderbares Vergnügen bereiteten, wenn sich unsere Augen mit Objekten anfüllten, die auf ihnen basierten[109]. Blondel nennt sie dann auch „un principe stable & constant" als eines der schönsten Teile der Mathematik, das verantwortlich für die Schönheit eines Musikstücks

105 Amedée Ozenfant und Charles Edouard Jeanneret: *Après le cubisme*, S. 48.

106 Anthony Blunt: *Art und Architecture in France 1500 to 1700*, S. 199.

107 Ebenda, S. 199.

108 „L'on n'a point balancé à prononcer que cette proportion estoit la cause des consonances dont le mêlange fait les accords harmonieux, & d'en faire *un principe stable & constant* d'une des plus belles parties de Mathematique, c'est à dire de la Musique pour en tirer dans la suite par étude & la meditation cette infinité de consequences & de regles pour la Composition qui produisent ces Concerts divins;" François Blondel: *Cours d'architecture, Quatrieme, cinquieme et derniere partie*, S. 770.

109 „Persuade' de cette pensée de ce beau mot de Pytagore, don't j' ay parlé cy-devant, qui dit que la Nature est toûjours la même en toutes choses, & que les memes nombres qui font que les voix differentes frappent agreablement nos oreilles dans un Concert, sont les memes qui font que les objets rempissent nos yeux ou plûtost nostre ame d'un plaisir merveilleux [...]." Ebenda, S. 758.

und für die Architektur sei[110]. Sein „principe stable & constant" kehrt in *Après le cubisme* in der These wieder, es gäbe plastische „Konstanten" und „Invarianten" in der Malerei.

Der Bezug zu Blondels *Cours d'architecture* geht auf Jeanneret zurück, der sich im Jahr 1908 während seiner Tätigkeit bei August Perret nachmittags in der *Bibliothèque Ste. Geneviève* und dem *Conservatoire des Arts et Métiers* aufhielt[111] und dadurch vermutlich Kenntnis von Blondels *Cours d'architecture* erhielt. Wie wichtig Blondel für Jeanneret war, belegt die Proportionsstudie der Porte Saint-Denis, die als Titelblatt zum Kapitel der „tracés régulateurs" in *Vers une architecture* verwendet wurde (Abb. 2).

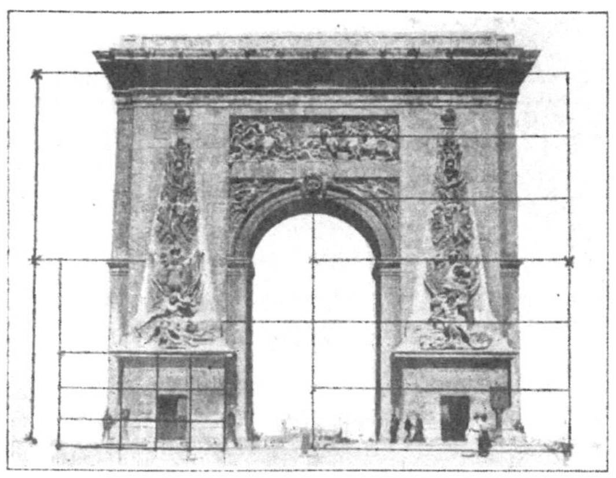

Les Tracés
RÉGULATEURS

Abb. 2: Le Corbusier: Vers une architecture, 1923.

110 „Je ne voy pas que'on doive s'étonner si je pronounce hardiment que ce sont ces proportions qui sont la cause de la beauté & de l'élegance dans l'Architecture, & que l'on en doit faire *un pricipe stable & constant* pour cette partie de Mathematique, afin que par l'étude & la meditation l'on en puisse tirer dans la suite une infinité de consequences & de regles utiles à la construction des batimens." Ebenda, S. 771.

111 Paul Venable Turner: *The Education of Le Corbusier*, S. 30.

Le Corbusier behauptete später, der Schatten Colberts verfolge ihn[112] und er hat kein Geheimnis daraus gemacht, wie sehr er die Epoche Ludwig XIV. verehrte.

Es musste ihn beeindruckt haben, wie Blondel sich im *Cours d'architecture* gegen Perrault positionierte und das rationale Konzept mathematisch eindeutig festgelegter Proportionen für die Architektur verteidigte[113]. Blondels überzeitliche Konstanten waren eine Antwort auf Perraults Relativismus, der in die bekannte *Querelle des anciens et des modernes* mündete[114]. Wenn nun Ozenfant und Jeanneret bei Blondel anknüpften, so stellten sie sich auch gegen Perrault, der Konstanten für die Ästhetik ablehnte und das Schöne mit der menschlichen Gewohnheit begründete, der nichts Reelles in der Natur entspreche[115]. Noch Hippolyte Taine vertrat in seiner 1865 erschienenen *Philosophie de l'art* die These, dass es vor allem die „rapports mathématique" seien, auf denen die Architektur beruhe. Die Erhabenheit des visuellen Sinnes könne miteinander übereinstimmende „parties liées par des lois mathématique" formen[116].

In „Le Purisme" postulieren Ozenfant und Jeanneret dann, dass das Ziel der Kunst darin bestehe „mettre le spectateuer dans un état de qualité mathématique, c'est-à-dire un état d'ordre éléve. [...] Le Purisme se propose un art austère peut-être, mais un art s'adressant aux facultés élevées de l'esprit."[117] Ziel des Purismus war nicht eine Mathematik der Formen, sondern das Versetzen des Betrachters in einen „état de qualité mathématique" als Folge einer

---

112 J. R. William Curtis: *Le Corbusier. Ideen und Formen*, S. 150.

113 François Blondel: *Cours d'architecture, Quatrieme, cinquieme et derniere partie*, S. 761.

114 Ebenda, S. 761ff.

115 Im Falle der Architektur, so Blondel über Perrault, rühre die Schönheit von der Gewohnheit der Werke anderer Architekten her sowie vom Werkstoff und der Genauigkeit in der Ausführung „[...]lorsqu' dit *que les proportions des membres de l' Architecture, qui selon le sentiment de la pluspart des Architects sont quelque chose de naturel, n'ont esté establie que par un consentement des Architectes qui ont imité les Ouvrages les uns des autre, & qui ont suivi les proportions que les premiers avoient choisies, non point comme ayant une beauté réelle, convaincre & necessaire, & surpassat la beauté des autres proportions, mais seulement parce que ces proportions se trouvoient en des Ouvrages qui ayant d' ailleurs d' autres beautez réelles & convaincantes, telles que sont celles de la matiere & de la justesse de l' execution, ont fait approuver & aimer la beauté de ces proportions, bien qu' elle n'eut rien de reel dans la nature.*" Ebenda, S. 762.

116 Hippolyte Taine: *Philosophie de l'art*, S. 66.

117 Amedée Ozenfant und Charles Edouard Jeanneret: „Le Purisme", S. 378.

präzisen Bildkonstruktion. Im nachfolgenden Kapitel zu den plastischen Mitteln der puristischen Kunst wird dargestellt, wie der „état de qualité mathématique" als mechanische Reaktion auf bestimmte Bildinformationen von den Puristen gedacht wurde.

Rationale, mechanische Präzision war Jeanneret von Kindheit an durch seinen von der Uhrenindustrie bestimmten Heimatort La Chaux-de-Fonds vertraut. Dennoch war weder für Blondel noch für Jeanneret ein Kunstwerk *nur* durch Anwendung von Regeln hervorzubringen[118]. In „Le Purisme" beschreiben Ozenfant und Jeanneret eine Regelästhetik, die es erlaube, in Ketten zu tanzen[119] und in *Vers une architecture* nennt Le Corbusier die „tracé régulateur [...] une assurance contre l'arbitraire"[120].

Neben dem Einfluss von François Blondels *Cours d'architecture* ist es Henry Provensals Buch *L'art de demain*, das wesentlichen Anteil an der platonischen Grundkonzeption von *Après le cubisme* besessen hat. Paul Venable Turner führt dies in *The Education of Le Corbusier* auf Jeannerets Kenntnis von Provensals 1904 erschienenes Buch zurück[121]. Wie Turner darlegt, kam Jeanneret bereits 1907 mit Henry Provensals Werk in Berührung, das er sich vermutlich auf Empfehlung seines Lehrers Charles L'Eplattenier zulegte[122]. Obwohl das Buch über 200 Jahre später als François Blondels *Cours d'architecture* erschien, ist es mit Blondels Schrift in seiner idealistischen, platonisch-pythagoreischen Grundtendenz vergleichbar. Provensal sah ganz im Sinne der pythagoreisch-platonischen Metaphysik in den Proportionen den Schlüssel zur Erkenntnis von Natur und Kunst[123].

---

118 „[...] lesquelles produisent par leur assemblage un *je sçay quoy* qui fait admirablement éclater la forme de la beauté, & que nous nommerons concinnitatem en Latin, & en François *harmonie, grace, gentillesse & correspondance.*" François Blondel: *Cours d'architecture, cinquieme partie*, S. 731.

119 Ozenfant Amedée und Jeanneret Charles Edouard: „Le Purisme", S. 369.

120 Le Corbusier-Saugnier: „Les Tracés RÉGULATEURS", S. 568.

121 „All in all, this section of *Après le cubisme* reveals how seriously Jeanneret was convinced that the most essential aim of architecture was its contact with a transcendent realm of perfection though the use of abstract laws of numerical and geometric proportioning." Paul Venable Turner: *The Education of Le Corbusier*, S. 152.

122 Ebenda, S. 10.

123 „Il doit en comprendre les rapports de volumes, de couleurs et de lignes et c'est ce rapport, résultat de vibrations de masses coloristiques et cubiques, qu'il lui faut surprendre et noter. Ces rapports mathématiques entre hauteur, largeur, profondeur,

Dies zeigt seine zentrale These einer „vérité de sentiment" und einer „vérité de pensée", die Harmonie erzeugten und erzieherisch wirkten[124]. Natur betrachtete Provensal als „vérité de sentiment", die sich als „vérité de pensée" offenbare. Die „Idee" der Architektur stelle sich ein, wenn sie durch ihre Linien und Massen und deren Beziehungen zueinander eine universelle Harmonie ausdrücke[125]. Empfindung und Intellekt würden sich dann im Gleichklang befinden, sie seien in einer „équation de l'absolu"[126].

Vergleichbar argumentierten die Puristen: „Tout peut se représenter par les nombres; les proportions sont les rapports des nombres constituant un tableau. Un tableau est une équation."[127] Das Prinzip der Gleichung entstammt der Mathematik und muss wörtlich als Ausgleich ästhetischer Kräfte im Bild genommen werden. In „sur la Plastique" wird von der Komposition des Bildes „une équation, équilibre, tel en statique, le polygone des forces qui se ferme"[128] gefordert und in „Le Purisme" verlangen Ozenfant und Jeanneret ausdrücklich, dass es das Ziel der Kunst sei, den Betrachter in einen Zustand höherer Ordnung zu versetzen[129]. Der Rezipient solle den „état de qualité mathématique"[130] erreichen und

---

suscitent une courbe, limitation de la matière exigible de certains efforts. Le travail d'idéation que l'artiste résout avec son instinct créateur y découvre le drame plastique de la nature, reflet de la divinité, véritable inductions vers Dieu." Henry Provensal: *L'art de demain*, S. 309.

124 „Ces deux termes, l'un abstrait contenant une notion métaphysique, l'autre concret et manifestant dans l'espace, un corps, une réalité sensible, ont besoin d'être analysés. L'art s'empare de l'idéal spontané; transforme en image palpable la vérité afin de faire l'éducation du sentiment et de la pensée. Ces deux forces qui initialement se confondent dans l'instinct, se séparent, se reconnaissent, pour de nouveau arriver à se fondre dans le libre arbitre et effectuer ainsi leur réunion, conjuguant dans l'harmonie, ces deux vérités: vérité de sentiment et vérité de pensée." Ebenda, S. 306.

125 „Les lignes, les volumes étant déterminés dans de certains rapports, il s'agit de faire surgir de cette masse harmonique « l'idée »." Ebenda, S. 159.

126 Ebenda, S. 3.

127 Amedée Ozenfant und Charles Edouard Jeanneret: Après le cubisme, S. 55.

128 Amedée Ozenfant und Charles Edouard Jeanneret: „Sur la Plastique", S. 42.

129 „Nous avons dit que le but de l'art est de mettre le spectateur dans un état de qualité mathématique, c'est-à-dire un état d'ordre élevé." Amedée Ozenfant und Charles Edouard Jeanneret: „Le Purisme", S. 378.

130 Le Corbusier bezeichnete Bach, das Parthenon, babylonische und römische Anlagen und *le Roi Soleil* als Objekte der Bewunderung. Reyner Banham: *Die Revolution der Architektur*, S. 209.

mit dem puristischen Bild etwas ästhetisch Vergleichbares erfahren wie beim Hören einer Fuge von Bach. Ozenfant hat noch im Jahr 1932 den Parthenon mit einer Kantate aus Marmor verglichen, die präzise wie Bach als mechanisches Werk seit 25 Jahrhunderten funktioniere[131]. Die Purifikation und Anordnung der Bildmittel zu einer ästhetischen Gleichung sind also nicht Selbstzweck, sondern zweckhaft, denn sie sollen einen ästhetischen Zustand im Betrachter bewirken, der, wie Ozenfant in *Art* 1928 schrieb, als ein „présent éternel"[132] vorgestellt werden müsse. Grundlage ist die Kongruenz einer rein mathematischen und ästhetischen Struktur: „Il est exact que l'art plastique est obligé de s'adresser plus directement aux sens que la mathématique pure qui n'agit que par symboles, ces symboles suffisant à déclancher dans l'esprit des conséquences d'ordre supérieur; [...] Mais il n'y a pas d'art qui vaille sans cet émoi d'ordre mathematique; [...]."[133] Die Erfahrung einer der Mathematik analogen visuellen Ordnungsstruktur in der Rezeption des Kunstwerks steht also im Zentrum der puristischen Theorie und ist nur eine weitere Formulierung von Provensals „équation de l'absolu" oder von Blondels „étude & la meditation".

Die universelle Bildgleichung des Purismus schließt das Individuelle, das Akzidentielle und Kontingente aus und meidet das formal Unbestimmte[134]. Das eigentliche Ziel einer neuen klassisch-puristischen Kunst lag allerdings im betrachtenden Subjekt. Darin ist sie Teil der platonischen Ontologie, die die Qualität des Artefakts an einem objektivierbaren ästhetischen Zustand des rezipierenden Subjekts misst. Der puristische Begriff hierfür ist „Émouvoir". „Émouvoir" stellt die innere Bewegung des Subjekts in der Betrachtung des Kunstwerks in den Mittelpunkt[135]. Ziel des puristischen

131 Roxana Vicovanu: „Le difficile equilibre du ›retour a l'ordre‹, du ›classicisme moderne‹ et de› l'avantgarde‹", S. 250.

132 Ebenda, S. 250.

133 Amedée Ozenfant und Charles Edouard Jeanneret: „Le Purisme", S. 370.

134 Individualität im Ausdruck eines Kunstwerks werden von Ozenfant und Jeanneret ebenso abgelehnt wie jede Form der Sezession und Separation von der gesellschaftlichen Realität. Amedée Ozenfant und Charles Edouard Jeanneret: *Après le cubisme,* S. 29-32.

135 Für Françoise Ducros erfüllt die „„machine à émouvoir", als die sich das puristische Bild verstehe, eine gesellschaftliche und psychologische Sublimierungsfunktion, denn

Kunstwerks ist es diesen genau definierten ästhetischen Zustand im Rezipienten zu erzeugen, der sich beim antiken Menschen zu Phidias Zeiten nicht unterschieden haben soll von dem eines Menschen im technischen Zeitalter. Die Gesetze, die die individuellen Reaktionen bestimmen, werden als überzeitliche Gesetze proklamiert, wie sie unsere Wahrnehmung immer bestimmt hätten und bestimmen würden, da sie auf Erfahrungen der Natur in ihrer Gesetzmäßigkeit fußten.

Ethisch wird dieser ästhetische Zustand durch sein Weltverhältnis[136]. Hinter dem Programm von *Après le cubisme* steckt die Absicht, den Einzelnen wie die Gesellschaft durch ein ästhetisches Ideal in eine idealistisch gereinigte, permanente Moderne zu überführen. Wer sich auf die puristische Kunst einlasse sei geschützt vor dem „Magma der Empfindungen": Ein Gemälde müsse intensiv und integriert sein; es sei eine Totalität von dieser enormen Gleichung, welche die Natur sei[137] und in dieser Totalität solle der Rezipient durch die puristischen Kunst aufgehen.

Obwohl der Purismus eine metaphysische Grundlegung ausschließt, betreibt er Metaphysik, denn die postulierte Universalität zielt auf nichts anderes als auf ein überzeitliches, sinnlich-ästhetisches Weltverhältnis. Das eigentliche Ziel des Purismus ist es deshalb auch nicht wissenschaftliche Erkenntnismehrung zu betreiben, sondern mit der Wahl der puristischen Bildmittel den intendierten ästhetischen Zustand des Subjekts zu evozieren. Ästhetische Wahrheit ist „wahre Empfindung" als Zustand erhöhter Klarheit, der,

---

das Betrachten eines Kunstwerks, so Ozenfant, nehme Kopf und Körper gänzlich in Anspruch, indem es uns in einen Zustand psychischer, kinästhetischer, gefühlsmäßiger und geistiger Befriedigung versetze. Françoise Ducros: „Der Purismus und die Kompromisse einer modernen Malerei" S. 73.

136 Le Corbusier wird später immer wieder betonen, dass es das ästhetische Ereignis sei, das über die Qualität eines Kunstwerks entscheidet und das sich als „Erregung" in der Rezeption mitteilt. „L'Architecture, C' EST POUR ÉMOUVOIR. L'émotion architecturale, c'est quand l'œuvre sonne en vous au diapason d'univers dont nous subissons, reconnaissons et admirons les lois." Le Corbusier: *Vers une architecture*, S. 9.

137 „Le tableau doit être concentré, intégré: il est l'intégrale de cette énorme equation qu'est la nature. Il y parvient en ne retenant du magma des sensations que l'essentiel, que ce qui se traduit par des équivalents de plastique pure. Composer: intégrer." Amedée Ozenfant und Charles Edouard Jeanneret: *Après le cubisme*, S. 56.

„sans déchets“[138], nicht überwältigt, sondern den Intellekt und sein Reflexionsvermögen anspricht. Die Verbindung von ästhetischem Ereignis, gedanklicher Klarheit und ethischer Ausrichtung entspricht einer Bestimmung von Kunst, die von den Puristen zu Recht mit Platons Kunstverständnis in Verbindung gebracht wurde[139]. „Ein wahrhaft puristisches Werk muss den Zufall besiegen, die Emotion kanalisieren; es muss das rigorose Bild einer rigorosen Konzeption sein: mit einer klaren Konzeption, rein realisiert, die *Tatsachen* der Imagination anbieten. Der moderne Geist fordert dies ein; dieses Neue unserer Epoche wird die Verbindung mit der Epoche der Griechen wieder herstellen.“[140]

4. Die puristischen Objekte als „Mots plastique“ und der „Mecanisme de L'Emotion“

Ozenfant und Jeanneret postulierten in den im *L'Esprit Nouveau* erschienenen Artikeln „Sur la Plastique“ und „Le Purisme“ einen Regelkatalog kompositorischer und formaler Mittel, und gaben dadurch sowohl das Grundgerüst des Bildes als auch die Auswahl der Bildelemente vor. Die dargestellten Gegenstände des puristischen Bildes sollten das Narrative so weit wie möglich ausblenden, um im Bild das Plastische selbst darzustellen. De Stijl verfolgte eine ähnliche Zielrichtung, verzichtete jedoch auf jeden Gegenstandsbezug, um mit wenigen konstanten, rein malerischen Elementen die neue Realität des Konstruktivismus aufzubauen. De Stijl intendierte

138 Ebenda, S. 59.

139 Jeanneret war Platons Idealismus durch Provensal aber auch durch Eduard Schuré bekannt. Édouard Schurés 1889 erschienenes Buch *Les grands inités*, das er 1907 von Charles L'Eplattenier geschenkt bekommen hatte, hinterließ beim jungen Jeanneret einen bleibenden Eindruck. Im Unterschied zu Provensals Buch, das eine ideale Einheit von Geist und Materie betont, ist in Schurés Buch der Geist die einzige Realität und die Materie nur dessen untergeordnete Expression. Siehe hierzu: Paul Venable Turner: *The Education of Le Corbusier*, S. 25.

140 „Une œuvre vraiment purist doit vaincre le hazard, canaliser l'émotion; elle doit être la rigoureuse image d'une conception rigoureuse: par une conception Claire, purement réalisée, offrir des *faits* à l'imagination. L'esprit modern l'exige; cette nouveauté pour notre époque rétablira le lien avec l'époque des Grecs.“ Amedée Ozenfant und Charles Edouard Jeanneret: *Après le cubisme*, S. 57.

eine vergangenheitslose, nur dem reinen menschlichen Empfinden verpflichtete plastische Kunst. Die Bildobjekte der Puristen sind zwar auch durch die intrinsischen, malerischen Qualitäten bestimmt, sie stellen jedoch das Gegenständliche nicht in Frage und verzichten auch nicht auf die Formulierung von Regeln. De Stijl steht quasi in der Tradition des autonomen Subjekts, während die Puristen eine Autonomie der Regelwerke und Bildgegenstände auf wissenschaftlicher Basis anstrebten. Die puristische Forderung nach der Repräsentation eines „absoluten Objekts" stellte dabei innerhalb der avantgardistischen Strömungen eine eigenständige Antwort dar, die sich gegen die vollständige Negation des Gegenständlichen im Suprematismus und bei De Stijl und gegen die futuristische Zertrümmerung des Alten sowie die dadaistische Verfremdung des realen Objekts wendete.

Die Puristen suchten die Regeln ihrer Bildkompositionen in Artefakten verschiedener Epochen, um analytisch deren inneres Strukturprinzip herauszufiltern und sie führten den „objet-type" ein, der für die in einem evolutionären Prozess entstandene Form eines Gebrauchsgegenstandes steht. Die Wissenschaftlichkeit, auf die sich der Purismus immer wieder beruft, besteht in der Strukturanalyse des Bildaufbaus und dem Herausfiltern der „objet-types" der Bildgegenstände, die den intendierten „mécanisme de l'émotion" bewirken sollen. Wenn nun, wie die Puristen behaupteten, die ausgelösten Reaktionen des Betrachters umso stärker seien, je allgemeiner und gesetzmäßiger sie am Gegenstand in Erscheinung treten, so wäre tatsächlich eine Formel gefunden, mit der sich die Kunstproduktion verwissenschaftlichen ließe[141]. Das kontemplative, sinnlich-ästhetische Weltverhältnis einer „classicisme moderne" könnte sich auf einen „mécanisme de

141 Julia Rüdiger betrachtet in ihrem Essay zur künstlerischen Entwicklung Amedée Ozenfants dessen Verhältnis zur Mathematik und den Naturwissenschaften. Sie stellt dabei fest, dass das pythagoreisch-platonische Verhältnis zur Zahl als Mittel der Kunst in der letzten Phase des Purismus an Bedeutung verliert, weil die Naturwissenschaften selbst in einen trüben Dunst gerieten, seit die euklidische Geometrie nicht mehr als allumfassend gültig betrachtet wurde und Einstein die Vorstellungen naturwissenschaftlicher Gewissheiten radikal änderte. Dennoch blieb in der nachpuristischen Phase sowohl bei Ozenfant als auch bei Le Corbusier die Überzeugung erhalten, es gäbe eine „wahrnehmungspsychologische Universalität der künstlerischen Sprache". Julia Rüdiger: „Les lois sont invariables", S. 205.

l'émotion" als eine Art sinnlich-evokativer Mathematik berufen, einer „perception claire d'une grande loi générale (état de lyrisme mathématique si l'on veut)"[142].

Die Begründungen für ihre vielfach an den traditionellen Regelästhetiken anknüpfenden „Konstanten" und „Invarianten" verdanken die Puristen wesentlich dem Sensualismus der französischen Aufklärungsphilosophie. Als deren wichtigstes Merkmal gilt „das Ideal der Gesetzmäßigkeit." Die charakteristischen Eigenschaften der französischen Aufklärung, wie sie Oskar Ewald in seinem Buch darlegte, zeigen eine Übereinstimmung mit den Grundprinzipien des Purismus: „Als wertvoll und wirklich gilt ihm das Allgemeine, Typische, schrankenlos Wiederholbare, das in Schema, Regel, Gesetz zu Fassende. Dem Individuellen, Einzigartigen, Unvergleichbaren und Unwiederholbaren gönnt es keinen Raum. Sein Prinzip ist das der absoluten Ordnung; er bevorzugt die Form vor dem Inhalte. Formale Logik, Mathematik, Mechanik sind seine Erkenntnismittel; die abstrakte Identität, die Zahl, das Atom, die reine Bewegung der Elemente seiner Erkenntnis; Gegenstand derselben ist das Wirkliche, das heißt die Weltmaschine."[143]

Zentrale Bedeutung kommt dem vom englischen Sensualismus beeinflussten und 1714 geborenen Etienne Bonnot de Condillac mit seinem 1754 erschienenen *Traité des sensations* zu. Condillac hob dort die „absolute Dualität der Sensation und der Reflexion, des äußeren und des inneren Sinnes auf [...] und gelangte so zu einem konsequenten Empfindungsmonismus, dessen Bestreben es sein muß, alle Seeleninhalte bis zu den kompliziertesten als Produkte einfacher Empfindungselemente darzustellen."[144] Dies bedeutet bei Condillac, dass der Erkenntnisakt nicht auf angeborene Ideen zurückzuführen ist, wie es der platonische Idealismus behauptet, sondern dass Erkenntnis mit den Empfindungen unserer Sinne entstehe. Ein Erkenntnisakt stelle sich dann ein, wenn ein wiederkehrendes sinnliches Ereignis mit einem Zeichen, sei es eine Gebärde oder die Sprache bzw. Schrift korrespondierten. Abstrakteren Begriffen komme eine schwächere Erkenntnisleistung zu, weil sie eine

142 Amedée Ozenfant und Charles Edouard Jeanneret: „Le Purisme", S. 370.

143 Oskar Ewald: *Die französische Aufklärungsphilosophie*, S. 12.

144 Ebenda, S. 31.

geringere Kongruenz mit dem jeweiligen sinnlichen Gegenstand besitzen würden[145]. Um Irrtümer zu vermeiden, wollte Condillac jeden Begriff in die Elemente zerlegen, aus denen er zusammengesetzt ist. Einfachheit und Durchsichtigkeit der zugrunde gelegten Elemente, wie in Mathematik und Astronomie, sei die Hauptsache[146]. Wir wendeten unsere Aufmerksamkeit den Objekten zu, die unsere Empfindungen stärker berührten[147] und damit unsere Reflexion in Gang setzten. Reflexion war bei Condillac kein selbstständiges Prinzip, sondern ein aus den Empfindungen abgeleitetes, sekundäres Prinzip. Daraus ergibt sich, dass *die* Empfindungen unsere Aufmerksamkeit und Reflexion am stärksten beanspruchen, bei denen die Kongruenz mit dem sinnlichen Objekt am größten ist. Der Sensualismus der französischen Aufklärungsphilosophie führte deshalb notwendig zu den ästhetisch klaren und einfachen Objekten, um aus diesen eine komplexere und in ihren sensuellen Reizen vielfältige Natur zu erklären.

Als Ästhetik der Architektur beeinflusste der Sensualismus zuerst Boullées 1799 geschriebenes Traktat *essai sur l'art*, in dem Boullée die Architektur ausschließlich als visuell-ästhetische Kunst betrachtete und sie deshalb der Malerei zuordnete. In seiner *Abhandlung über die Kunst* forderte Boullée regelmäßige Formen, weil diese durch ihre „*Regelmäßigkeit, Symmetrie und Vielfalt*" schnell erfassbar seien[148]. Die Begründung für deren Präferenz gab er nicht intellektuell, sondern sensuell, indem er behauptete, diese Formen würden auf die Sinne eine unbegrenzte Macht ausüben[149]. Boullées sensualistische Betrachtung der Form begründete eine Architektur, die unabhängig vom Bildungsstand und der Herkunft ihres Rezipienten ihre „Macht" auszuüben vermag. Er erweist sich damit als einer der ersten Vertreter einer

145 Ebenda, S. 32.

146 Ebenda, S. 33.

147 Ebenda, S. 35.

148 Etienne-Louis Boullée: *Abhandlung über die Kunst*, S. 55 und S. 56.

149 „Sie vereinigt in sich *exakte Symmetrie, die vollkommenste Regelmäßigkeit, die größte Vielfalt*; sie hat die größte Entwicklung, die einfachste Form, und ihre Gestalt wird durch die gefälligste Linie umrissen; [...] Hier haben wir also alle die einmaligen Vorzüge vor uns, die dieser Körper von Natur aus hat und die auf *unsere Sinne* eine *unbegrenzte Macht* ausüben." Ebenda, S. 57.

egalitären Ästhetik der Aufklärung in der Architekturtheorie, die für das ästhetische Erleben kein Vorwissen einforderte. Jeanneret oder Ozenfant dürften allerdings keine Kenntnis von Boullées Traktat besessen haben, da dieser erst im Jahr 1953 publiziert wurde. Boullées neue Sicht der Architektur wirkte jedoch als theoretisches Ferment über seine Lehrtätigkeit an der *École Nationale des Ponts et Chaussées* über seine Schüler weiter und war damit auch Charles Blanc vertraut[150].

Jeanneret kannte Charles Blancs *Grammaire des Arts et du Dessin* durch seine Ausbildung an der *Ecole d'Art* in La Chaux-de-Fonds[151]. Blanc benennt in seinem umfänglichen Werk eine Sprache der Natur, die der große Künstler von der Natur leihe, um wie diese mit der leisen Sprache der Linien und Formen die Eloquenz der Natur ausdrucksvoll in den stummen Monumenten zu imitieren. Die Gesetze der sichtbaren Welt kehrten wieder in den unbeweglichen Steinen und diese Unbeweglichkeit sei es, die uns heftig errege[152]. Blanc stellte wie die Sensualisten der Aufklärung einen Zusammenhang von einfachen geometrischen

---

150 Werner Oechslin stellt in seinem Essay „Emouvoir – Boullée und Le Corbusier" die Nähe von Le Corbusiers und Boullées wirkungsästhetischen Theorien dar, kann dann aber nicht schlüssig nachweisen, wie die bei Boullée geäußerten Ideen Le Corbusier bekannt wurden. Er nennt „nicht kontrollierbare Kanäle", über die ein Gedankengut auch anderswo vorhanden gewesen und weitervermittelt worden sei. Werner Oechslin: „Emouvoir – Boullée und Le Corbusier", S. 200.

151 Stanislaus von Moos: *Le Corbusier*, S. 22. Blancs Buch war in der Bibliothek der Schule vorhanden und musste wegen der Bedeutung, die das Buch der Architektur zuspricht, von Jeanneret mit großem Interesse wahrgenommen worden sein. Im November 1907 las Jeanneret Charles Blancs *Grammaire des Arts et du Dessin*, das ihm seine Eltern auf seine Anfrage nach Wien schickten, ein zweites Mal. Siehe hierzu: H. Allen Brooks: *Le Corbusier's Formative Years*, S. 123.

152 „Par la contemplation de la nature, les grands artistes ont pénétré en son impénétrable génie, ils ont découvert les moyens qu'elle emploie pour manifester dans ses créations la force ou la douceur, la majesté ou la grâce, et, en lui empruntant son langage silencieux de lignes et de formes, ils en ont imité l'éloquence dans des monuments muets comme la nature, mais expressifs comme elle. De sorte qu'après avoir traversé l'esprit de l'homme, les lois du monde visible se sont de nouveau immobilisées dans la pierre ou dans le granit, et cette immobilité même est peut-être ce qui nous émeut le plus fortement." Charles Blanc: *Grammaire des Arts et du Dessin*, S. 82. Oechslin betont in seinem Essay „Emouvoir – Boullée und Le Corbusier" die Bedeutung von Blancs weitverbreiteten Buches für Le Corbusier. Siehe hierzu: Werner Oechslin: „Emouvoir – Boullée und Le Corbusier", S. 200ff.

Formen und der Wirkung her, die diese in der Rezeption ausüben. Wie zuvor bei Boullée und später bei Ozenfant und Jeanneret sind es bei Blanc die klaren Linien und die elementaren Formen, die die stärkste Wirkung hervorrufen. Der Wirkung des Sublimen, die wesentlich von der Einfachheit der Oberflächen, der „simplicité des surfaces“, abhänge, maß Blanc eine hohe Bedeutung für die Architektur bei. Er erklärte sich deren besondere Wirkung physiologisch mit den Augenbewegungen in der Betrachtung von Architektur: „Pour frapper un grand coup sur notre imagination, il faut le frapper vite“. Es komme also auf die schnelle Auffassung des Gegenstands an, um einen großen Eindruck in unserer Imagination hervorzurufen. Wenn ein Architekt mit großem Nachdruck seinen Gedanken ausdrücken wolle, so werde er ihn folglich mit Einfachheit und durch einen Aufbau, der leicht zu erfassen sei, ausdrücken [153].

Der wirkungsästhetische Sensualismus in *Après le cubisme*, der einen kalkulierten „mécanisme de l'emotion“ postuliert und damit die Rezeption des Kunstwerks wie ein Uhrwerk aus genau

153 Blancs Gedankengang zielt wie Ozenfants und Jeannerets Purismus auf eine kalkulierte Wirkung im Subjekt, hervorgerufen durch die gezielte Verwendung formaler Mittel: „La simplicité des surfaces. – Le sublime est toujours simple, et cela est vrai dans les arts du dessin comme dans la littérature. Pour frapper un grand coup sur notre imagination, il faut le frapper vite; plus le coup est inattendu et rapide, plus il est fort. En faisant passer l'esprit par divers détours agréables, en lui ménageant une variété de chemins ornés et fleuris qui le conduisent lentement, doucement au but, on lui procure l'impression du beau; celle du sublime se produit lorsque brusquement ou mène l'esprit au but, en lui faisant franchir d'un bond tout l'espace qui l'en sépare. L'architecte qui veut exprimer fortement sa pensée l'exprimera donc simplement, c'est-à-dire par une ordonnance facile à saisir, par des moyens simples, par un effet simple. Cette condition est, du reste, inséparable de la grandeur, car si les surfaces manquent de simplicité, si elles sont compliquées de divisions, elles seront par cela même rapetissées. Prenons encore pour exemple les Pyramides d'Egypte: si nous supposons leurs surfaces divisées en compartiments par des saillies répétées, l'oeil sera naturellement amené à mesurer les surfaces au moyen de ces compartiments, et, s'accrochant aux saillies successives, il aura bientôt raison de la mesure du colosse; tandis que, si la surface reste plane, unie, nos regards ne pourront l'embrasser qu'en bloc:le procédé par lequel ont été construites ces masses énormes se trouvant dissimulé, et toute mesure échappant à nos sens, l'étendue paraîtra immense, et immense le pouvoir de l'architecte. Donc, pas de grandeur en architecture si les surfaces sont multipliées et rompues, si les lignes sont brisées. Ce qui profiterait ici à la beauté détruit le sublime.“ Charles Blanc: *Grammaire des Arts et du Dessin*, S. 78 und S. 79.

bestimmten ästhetischen Objekten zusammensetzt, setzte also einen wichtigen Strang französischer Aufklärungsphilosophie fort. Die Verwissenschaftlichung des Sensualismus fand mit den physiologisch-ästhetischen Theorien der Jahrhundertwende statt, auf die sich Ozenfant und Jeanneret mehrfach beziehen und deren Autoren im *L'Esprit Nouveau* veröffentlichten. Hier sind insbesondere Autoren wie Charles Henry, Leiter des sinnesphysiologischen Institutes an der Sorbonne, Victor Basch, Ästhetikprofessor an der Sorbonne, und Lules Lallemand zu nennen, die im *L'Esprit Nouveau* Artikel zu einer „esthétique scientifique" publizierten[154]. Die physiologische Ästhetik wurde als positive Wissenschaft auf empirischer Basis verstanden.[155]. Die französischen Vertreter einer „esthétique scientifique" konnten dabei an die Werke von Wilhelm Wundt, Theodor Lipps und anderen Vertretern einer psychologisch-experimentellen Ästhetik anknüpfen.

In *Après le cubisme* ist es der „mécanisme de l'emotion", der mit dem Bild vibrierender Saiten eine direkte Verbindung von visueller Information und hervorgerufener Emotion herstellt. In „sur la Plastique" formulieren die Autoren ihre These nochmals mit der Behauptung: „LES MÊME ÉLÉMENTS PLASTIQUES DÉCLANCHENT LES MÊMES RÉACTIONS SUBJECTIVE, c'est ce qui fait l'universalité de la langue plastique, celle de la véritable œuvre d'art et sa grandeur"[156]. In „Le purisme" wird die postulierte „langue plastique" jedem Menschen zugesprochen und damit der aufklärerisch, szientifische Anspruch der puristischen Ästhetik untermauert. In jedem Menschen, sei es ein Franzose, ein Schwarzer oder ein Lappe löse die Betrachtung einer Kugel eine identische Empfindung aus, die der Kugelform inhärent sei. Diese stelle als primäre Empfindung eine anthropozentrische Konstante dar[157]. Gleiche visuelle Reize einer elementaren „langue plastique" riefen bei allen Menschen gleiche Reaktionen hervor.

154 Arthur Rüegg: „ESTHÉTIQUE SCIENTIFIQUE", S. 219.
155 Ebenda, S. 219.
156 Amedée Ozenfant und Charles Edouard Jeanneret: „Sur la Plastique" S. 39.
157 Amedée Ozenfant und Charles Edouard Jeanneret: „Le Purisme", S. 371.

Es gäbe allerdings auch die sekundären Empfindungen, die sich auf die der ersten Ordnung pfropften. Wenn die rohen Empfindungen die intrinsische universelle Ordnung seien, so seien die sekundären Empfindungen die extrinsische Ordnung[158]. Sie hingen mit der Herkunft und der Kultur eines Menschen zusammen[159], stellen also die ikonographischen Elemente des Bildgegenstandes dar und können deshalb nicht von allen Menschen gleich gut erkannt werden. Den ikonographischen Elementen wurden von den Puristen eine geringere Valenz zugesprochen[160]. Als symbolische Kunst benötige sie für den Rezipienten die Kenntnis eines Zugangscodes, um deren geheime Sprache zu enthüllen[161]. Die großen Werke der Vergangenheit basierten dagegen alle auf den primären Elementen und dies sei auch der einzige Grund, weshalb sie bestehen blieben.[162] Es sind quasi die „sensation primaire déterminée en tout être humain par le simple jeu des formes et des couleurs primaires“[163]. Vergleichbar argumentierte Charles Blanc: „Car c'est toute l'humanité qui fixe le sens des mots primitifs, essentiels, de ceux qui ne vieillissent jamais.“[164]

Der „Valeur universelle“ des Kunstwerks lag für die Puristen in der Anwendung der intrinsischen, universellen „plastischen Elemente“ begründet. Diese werden in „sur la Plastique“ folgerichtig als die einfachen geometrischen Formen Kreis, Quadrat und Dreieck vorgestellt (Abb. 3)[165]. Die Begründung für die Präferenz dieser

158 „Si les sensations brutes sont d'ordre intrinsèque universel, les sensations secondaires sont d'ordre extrinsèque individuel.“ Amedée Ozenfant und Charles Edouard Jeanneret: „Le Purisme“, S. 372.

159 Ebenda, S. 372.

160 „Un art qui ne serait base que sur l'emploi des sensations secondaires (art d'allusions) serait un art sans base plastique.“ Ebenda, S. 373.

161 Ebenda, S. 373.

162 „Le grandes œuvres du passé sont toutes à base d'éléments primaires et c'est la seule raison pourquoi elles demeurent.“ Ebenda, S. 373.

163 Ebenda, S. 371.

164 Charles Blanc: *Grammaire des Arts et du Dessin*, S. 84.

165 Die geometrischen Elementarformen, die später in Le Corbusiers *Vers une architecture* eine zentrale Rolle spielen werden, sind vor allem auf Blancs Einfluss zurückzuführen. So stammt von Blanc die Äußerung, dass es die Gunst der Architektur sei, „ques ses œuvres sont de pures créations de l'esprit“. Charles Blanc: *Grammaire des Arts et du Dessin*, S. 113. Allerdings wurde Jeanneret bereits an der Ecole d'Art von seinem Lehrer Charles L'Epattenier darin beeinflusst, die Natur unter geometrischen, rhyth-

ELÉMENTS PRIMAIRES. — Ces formes sont les éléments pri-

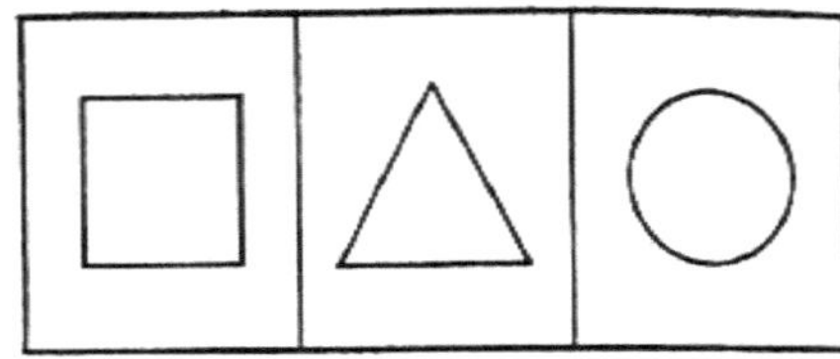

maires de toute œuvre plastique. Leur association opère le déclanchement des sensations symphoniques.

Abb. 3: Ozenfant Amedée und Jeanneret Charles Edouard: Illustration in „Sur la Plastique", 1920

Formen wird physiologisch gegeben: „La tableau est PHYSIQUEMENT un savant appareil à masser."[166] Der Maler müsse von den Eigenschaften der Formen wissen, die die Augen in ihren Bewegungen beeinflussten. Für Ozenfant und Jeanneret waren dies die primären geometrischen Elemente, die dieselben standardisierten Emotionen hervorriefen[167], da diese beim Rezipienten augenblicklich einen konstanten klaren Schock auslösten, der als Grund des Wohlbefindens, die eigentliche Empfindung der Plastik sei[168].

„LES LOIS" bezeichnen die intrinsischen[169], universellen Aspekte einer plastischen Sprache der Kunst[170], die „*mots fixes* du langage

mischen und strukturellen Ordnungsprinzipien zu betrachteten. Siehe hierzu: Luisa Martina Colli: „Jeanneret und die Ecole d'Art".

166 Amedée Ozenfant und Charles Edouard Jeanneret: *Après le cubisme*, S. 39.

167 „Il y a des forms simples déclancheuses de sensations constantes." Amedée Ozenfant und Charles Edouard Jeanneret: „Sur la Plastique", S. 43.

168 „[…] elles donnent une sensation directe de determine, choc clair, immédiant et constant, cause de bien-être, sensation véritablement plastique." Ebenda, S. 42.

169 „L'élément purist est comme un mot plastique dûment formé, complet à reactions précises et universelles." Amedée Ozenfant und Charles Edouard Jeanneret: „Le Purisme", S. 378.

170 „Les sensations primaires constituent les bases du langage plastique; ce sont *les mots fixes* du langage plastique; c'est un langage fixe, formel, explicite, universel, determinant les reactions subjective d'ordre individual qui permettront d'élever sur ces fondations brutales, l'œuvre sensible et riche d'émotion ." Ebenda, S. 372.

plastique". Robert Scherkl verweist in seinem Buch über die puristische Malerei auf den möglichen Einfluss Ferdinand de Saussures Buch *Cours de linguistique génerale*, das posthum im Jahr 1916 erschien und in dem Saussure eine Theorie der Sprache als Zeichensystem entwickelte[171]. Die Worte der Sprachen seien, wenn die Übertragung von Worten analog für eine visuell-ästhetische Technik wie der Malerei gelten soll, die zeitlosen „mots plastiques" der plastischen Kunst. Im puristischen Bild sind sie nichts anderes als aneinandergereihte oder sich überlagernde Schablonen, „pochoirs", von Gegenständen auf der Oberfläche des Gemäldes[172]. Sie gehören als überzeitliche Formkonstanten zum puristischen Bildvokabular, das klar begriffen, exakt und ohne Abfälle realisiert werden könne[173].

Saussure unterscheidet zwischen der „langage", die die menschliche Sprachfähigkeit bezeichnet und der „langue", der Sprache als sozialem Produkt[174]. Diese Unterscheidung kann auf die puristische Bildauffassung übertragen werden, denn in der Beurteilung der „mots plastiques" handelt es sich zuerst um den visuell-ästhetischen Sinn des Menschen und erst dann um die „langue" des Bildgegenstands im Sinne eines sozialen Produkts. Der visuell-ästhetische Sinn, die „langage", war für Ozenfant und Jeanneret eine menschliche Konstante, die sich wissenschaftlich feststellen ließ. Von großer Bedeutung für eine Theorie der „langage" in der Ästhetik war die Wahrnehmungspsychologie, die über eine Reiz-Reaktions-Beziehung[175] Aufschlüsse darüber gab, wie Form und Farbe unsere Empfindungen beeinflussen.

Ozenfants und Jeannerets „mots plastiques" sind letztlich nichts Neues, sondern nur ein neuer Begriff für die tief in der französischen Kunsttheorie verankerte Aufklärungsphilosophie und deren Vorliebe

171 Robert Scherkl: *machine à émouvoir*, S. 143.

172 „L'élément puriste est comme un mot plastique dûment formé, complet, à reactions précises et universelles. Bien entendu il ne faut pas comprendre que les éléments puristes sont comme des pochoirs qu'on juxtaposerait sur la surface d'un tableau; mais nous voulons dire que l'élément rupiste, élément bouteille par exemple, devra toujours comporter, sous réserve de modifications nécessitées par la composition, des constantes caractéristiques et invariantes de l'objet-thème." Amedée Ozenfant und Charles Edouard Jeanneret: „Le Purisme", S. 377.

173 Amedée Ozenfant und Charles Edouard Jeanneret: *Après le cubisme*, S. 59.

174 Robert Scherkl: *machine à émouvoir*, S. 143.

175 Ebenda, S. 145.

für einfache geometrische Grundformen. Der „rappel à l'ordre" und die Vorliebe für Elementarkörper finden sich bei Hippolyte Taine als „forme géométrique [...] d'un cube, d'un cône, d'un cylindre ou d'une spère [...]"[176] aber auch bei Charles Blanc als „simplicité des surfaces". Le Corbusier wird die „forme géométrique" später als wirkungsästhetisches Credo verwenden: „Ces formes primaires ou subtiles, souples ou brutales, agissent *physiologisquement sur nos sens* (sphère, cube, cylindre, horizontale, verticale, oblique, etc.) *et les commotionnent.*"[177]

Als „mots plastiques" kamen im Purismus vor allem Gegenstände des alltäglichen Gebrauchs zum Einsatz. Mit diesen verbinden sich zwei Anforderungen an den puristischen Bildgegenstand: Der Einsatz der primären geometrischen Formen und die Darstellung von Gebrauchsgegenständen, die wegen ihrer Alltäglichkeit beinahe trivial wirken. Als „objet-types" sind sie präzise plastische Mittel in der Malerei und ausgereifte typologische Produktformen. Karaffen, Flaschen, Gläser und andere Gebrauchsgegenstände wurden von Ozenfant und Jeanneret als Fortsetzung und Weiterführung eines evolutionären Naturprozesses gedacht, dessen Ziel die invariable Form ist. Als überzeitliche Sprachformen sind sie objektivierte plastische Sprachelemente, die, so die These von Ozenfant und Jeanneret, genau kalkulierbare subjektive Reaktionen des Betrachters evozierten[178], die sie konstanten, visuell-ästhetischen Gesetzen schuldeten. Diese konstituierten für Ozenfant und Jeanneret eine Sprache der Kunst, deren Konstruktionen mit den Gesetzen der Natur koinzidieren, intelligibel und befriedigend sind[179].

---

176 „Car d'abord un morceau de bois ou de pierre peut avoir une forme géométrique, celle d'un cube, d'un cône, d'un cylindre ou d'une spère, ce qui établit des relations régulières de distance entre les divers points de son contour. – En outre, ses dimensions peuvent être des quantités liées entre elles dans des proportions simples; la hauteur peut être deux, trois, quatre fois plus grande que l'épaisseur ou la largeur, ce qui fait une seconde série de rapports mathématique." Hippolyte Taine: *Philosophie de l'art,* S. 66 und 67.

177 Le Corbusier: *Vers une architecture*, S. 8.

178 In „Sur la Plastique" wird eine universelle plastische Sprache der Kunst proklamiert, die unabhängig von der kulturellen oder ethnischen Herkunft dieselben Reaktionen hervorruft: „LES MÊMES ÉLÉMENTS PLASTIQUES DÉCLANCHENT LES MÊMES RÉACTIONS SUBJECTIVES." Amedée Ozenfant und Charles Edouard Jeanneret: „Sur la Plastique" S. 39.

179 „L'art comme la science doit on le voit, prendre d'abord connaissance de ces lois

5. Le Corbusier

Unter dem Pseudonym LE CORBUSIER-SAUGNIER, hinter dem sich Jeanneret und Ozenfant verbergen, wenden die Autoren die ästhetische Theorie des Purismus in einer Artikelserie in *L'Esprit Nouveau* auf eine Ästhetik der Architektur an. Da es sich um eine Übertragung der für die Malerei entwickelten Gedankengänge auf die Architektur handelt, war es folgerichtig, Jeanneret und Ozenfant unter einem Pseudonym als Verfasser zu nennen. Le Corbusier veröffentlichte später im Jahr 1923 die Artikelserie unter seinem Namen in *Vers une architecture*, ein Buch, das ihn schlagartig berühmt werden ließ. Insofern war es fast unvermeidlich, dass es zwischen den Autoren zu Spannungen und später zum Bruch kommen musste, auch wenn Le Corbusier die Artikel allein verfasst haben sollte. *Vers une architecture* ist ein philosophisch-ästhetisches Vademecum, das mit der im Jahr 1925 erschienenen Schrift *Urbanisme*, die gleichfalls eine Kompilation von Artikeln aus dem *L'Esprit Nouveau* darstellt, die puristische Idee zu einem allumfassenden ästhetischen Programm vom Gebrauchsgegenstand bis zur städtebaulichen Theorie erweiterte. Architektur und Städtebau werden demselben philosophisch-ästhetischen Diskurs einer kontemplativ-intellektualistischen Theorie des Artefakts unterworfen, deren besondere Stoßrichtung darin besteht, die Industrieproduktion und die Welt der Maschinen zum ästhetischen Ideal zu erheben.

Die Bildgegenstände der „objet-types“ und die kompositorischen Mittel der puristischen Plastik waren, wie dargestellt, Werkzeuge zu einem Konstruktivismus der Emotion. Eine präzise Definition der „mots plastique“ und ihres grammatikalisch, strukturellen Einsatzes war deshalb so bedeutsam für die Puristen, weil es ihnen vor allem um die Rezeption ging. Le Corbusier behauptet in *Vers une architecture*, dass eine Revolution mit Hilfe der Architektur vermieden werden könne. Den Begriff einer solchen Architektur erläutert er am Ende von *Vers une architecture* mit der Abbildung einer Bruyère-Pfeife (Abb. 4).

---

principales qui lui constitueront une langue dont il pourra se servir pour créer des constructions cohérentes aves la nature, intelligibles et satisfaisantes.“ Amedée Ozenfant und Charles Edouard Jeanneret: *Après le cubisme*, S. 47.

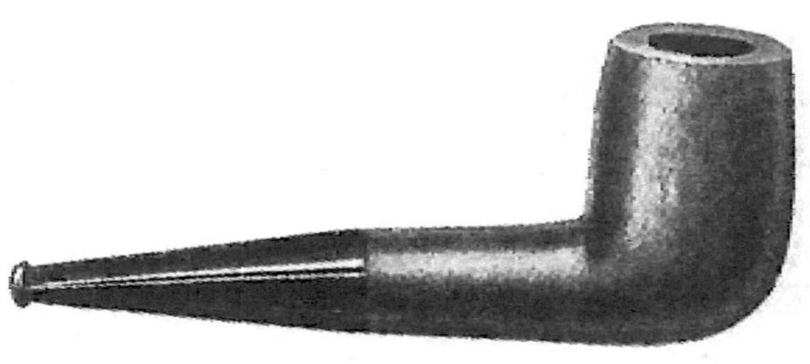

Abb. 4: Le Corbusier: Bruyère-Pfeife in Vers une architecture, 1923.

Die Pfeife wird als der vollendete Gebrauchsgegenstand vorgestellt, das „mot plastique", das dieselbe Emotion erzeugt, wie sie die von ihm eingeforderte Architektur erreichen soll. Die Revolution lasse sich vermeiden, wenn es gelinge, den bereits im Arbeitsleben und bei Gebrauchsgegenständen erreichten, spirituellen Weg in die Welt des privaten Wohnens zu überführen[180]. Hierfür steht die Bruyère-Pfeife. Sie ist das ideale „mot plastique" der häuslichen Welt, das es auch in der Architektur zu erreichen gilt. Die Bruyère-Pfeife verkörpert vollkommen die puristische Idee, denn sie ist als dreidimensionale puristische Plastik ein über einen langen evolutionären Prozess hergestellter Gebrauchsgegenstand, dessen Formen aus einfachen, primären geometrischen Strukturen konstruiert sind. Ihre Universalität steht für die kontemplativ-ästhetische Gleichung einer intellektualisierten Kunst mit totalem Anspruch und zugleich für funktionale Erfüllung.

Im Idealfall und zur Vermeidung revolutionärer Umbrüche musste für Le Corbusier die Architektur wie die Musik Bachs klingen. Formen, Räume und Strukturen seiner Architektur sollen einer mathematisch-rationalen Struktur folgen, auf der, so die puristische

180 „le même chemin spirituel qu'il parcourt dans son travail, l'empêchent de poursuivre dans le repos le développement organique de son existence [...]." Le Corbusier: *Vers une architecture*, S. 243.

These, die Natur im Ganzen wie die „objet-types“ der Gebrauchsgegenstände beruhten. Grund hierfür ist die strukturontologische These des Purismus und das mit dieser These verbundene platonische Erziehungsideal. „On peut éviter la révolution“, wenn die Architektur zur Kontemplation führe, da sie dann, so Le Corbusiers Argument, mit den Gesetzen des Universums übereinstimme. Die Gesetze des Universums seien unveränderlich und ihre ästhetische Erfahrung über das puristische Artefakt übe eine erzieherische Wirkung aus. Aus diesem Grund musste die puristische Idee Objekte ausschließen, die diese Empfindung nicht hervorriefen und den intellektuell-kontemplativen Vorgang störten.

Die Argumentation für eine puristische Architektur folgt in allen Maßstabsebenen der des puristischen Tafelbilds: Präzision des Bildgegenstands und dessen Assemblage mit anderen puristischen Objekten mit Hilfe geometrischer Ordnungssysteme. Puristische Architektur sei „dehors des questions de constructions“[181], da „l’Architecture, C’EST POUR ÉMOUVOIR“[182] sei und zwar einzig mit den puristischen Architekturformen, die Le Corbusier in den primären geometrischen Körpern erkannte. „L’émotion architecturale, c’est quand l’œuvre sonne en vous au diapason d’un univers dont nous subissons, reconaissons et admirons les lois. Quand certains rapports sont atteints, nous sommes appréhendés par l’œuvre. Architecture, c’est ‹rapports›, c’est ‹pure création de l’esprit›.“[183] Sobald gewisse Beziehungen erreicht würden, ziehe uns ein Werk an. Architektur sei Beziehung, sei eine reine Schöpfung des Geistes.

Die „objet-types“ der Malerei waren banale Alltagsgegenstände, die möglichst wenige Konnotationen besaßen und auf diese Weise die Wirkung der Formen nicht mit narrativen Inhalten überlagerten. Die Architektur dagegen besteht nicht aus geliehenen Formen einer Gegenstandswelt, wie dies in einer gegenständlichen Malerei der Fall ist, sondern die puristischen Architekturformen der reinen Geometrie sind die reinen plastischen Formen selbst: „les cubes, les sphères, les cylindres ou les pyramides sont les grandes formes

181 Ebenda, S. 9.

182 Ebenda, S. 9.

183 Ebenda, S. 28.

primaires que la lumière révèle bien; l'image nous en est nette et tangible, sans ambiguïte. C'est pour cela que ce sont *de belles formes, les plus belles formes.* [...] C'est la condition même des arts plastiques."[184]

Der paradigmatische „objet-type" für die Wohnarchitektur war der *Pavillon de l'Esprit nouveau* (Abb. 5) auf der Weltausstellung *Exposition internationale des Arts Décoratifs et industriels modernes* im Jahr 1925[185].

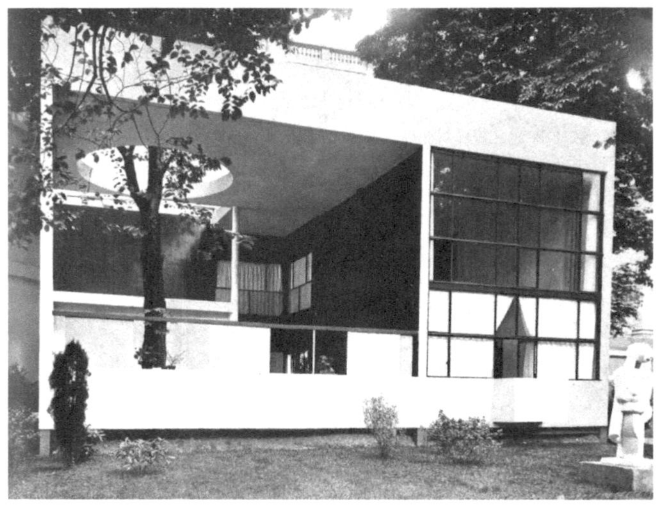

Abb. 5: Le Corbusier: Pavillon de l'Esprit nouveau, 1925.

Der Serienbau, den Le Corbusier einforderte und für den er zuvor mehrere typologische Formen entwickelte, wurde mit dem *Pavillon de l'Esprit nouveau* zum „objet-type". Der Pavillon war eine Standardwohneinheit, die sich in den *Immeuble Villas* (Abb. 6) zu einer vertikalen Gartenstadt als einer „véritable machine à habiter" in einem Superblock und zur *Ville Contemporaine* als städtebaulicher Struktur erweiterte.

---

184 Ebenda, S. 16.

185 „Ce programme: nier l'Art Décoratif. [...] Montrer que l'industrie créée par sélection (par la série et la standardisation) des objets purs. Affirmer la valeur de l'œuvre d'art pure. [...] La cellule habitable pratique, confortable et belle, véritable machine à habiter, s'agglomère en grande colonie, en hauteur et en éntendue." Le Corbusier et Pierre Jeanneret: *Œuvre complete 1910-1929*, S. 98.

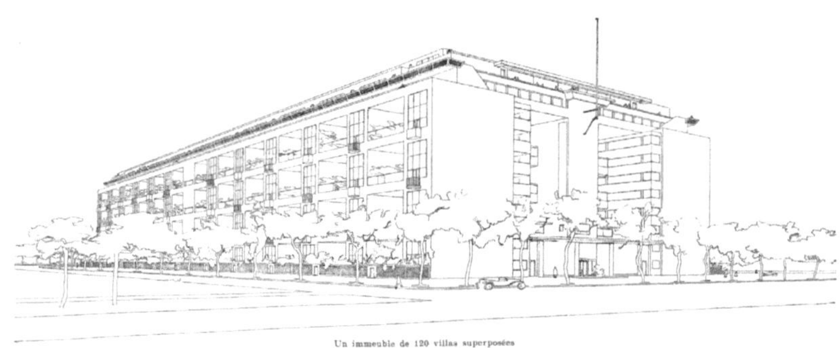

Abb. 6: Le Corbusier: *Immeubles villas*, 1922.

Neben dem Pavillon wurde ein Rundbau errichtet, in dem zwei Dioramen gewaltiger Stadtbilder, *der Ville Contemporaine* und dem *Plan Voisin* (Abb. 7), ausgestellt waren[186].

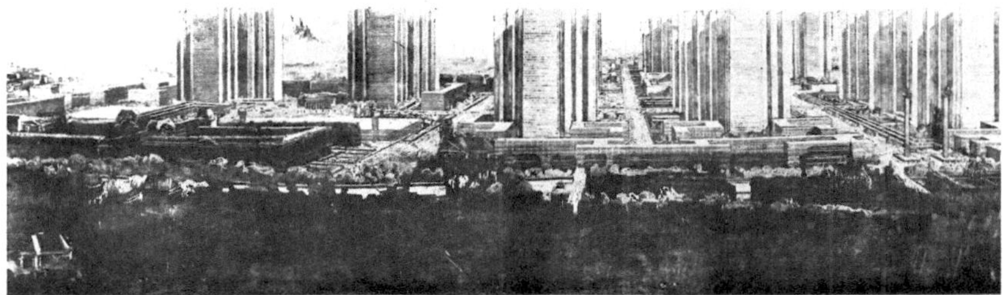

Abb. 7: Le Corbusier: *Diorama „Plan Voisin"*, 1925.

Die Dioramen zeigten die der Aufklärung verpflichtete, optimistische Grundstruktur der *Ville Contemporaine*, die als großes Uhrwerk mit präzise bestimmten Architekturobjekten ablaufen sollte. Mit dem „objet-type" als architektonischem Baustein von universeller Bedeutung konnten ganze Städte als kontemplativ-intellektualistische Superstrukturen entwickelt werden, in denen ihre Bewohner

186 „[...] l'un, celui de la *Ville Contemporaine* de 3 Millions d'Habitants de 1922, l'autre, celui du *Plan Voisin de Paris*, proposant la création d'une cité d'affaires au centre de Paris." Ebenda, S. 98.

visuell die innere Mathematik von Bachs Musik[187] erfuhren, so jedenfalls Le Corbusiers Intention.

Als verräumlichter puristischer Bilderreigen besitzt Le Corbusiers Architektur einzig die Bestimmung jene kontemplative Stimmung zu evozieren, die der moderne Mensch im Arbeitsleben schon vorfinde und die nun auch Einzug ins Private halten soll. So seltsam diese These heute klingen mag, so überzeugt war Le Corbusier in den 20er Jahren von der puristischen Idee einer neuen, puren Wirklichkeit der Architektur, die in Einklang mit der Natur und dem Geist der Industrie entstehen sollte. Mit der Purifizierung von allem Dunklen und dem von Trieben geleiteten Empfinden erschien der neue Mensch des Maschinenzeitalters, der selbst zum „objet-type“ wurde und seine individuellen Neigungen und Vorlieben zugunsten einer total organisierten Objektwelt zurückstellte. Le Corbusier verkörperte diesen neuen „L'homme machine“ durch sein Äußeres in vollkommener Weise: Als hagere, schwarz gekleidete Gestalt mit dicker, runder Hornbrille und Melone wirkte er wie das Paradigma der leisen Revolution einer alle Bereiche durchdringenden Rationalität.

Wenn es um den Ausdruck von Objekten ging, bestanden für Le Corbusier letztlich keine Gattungsgrenzen zwischen künstlerischen, handwerklichen oder industriellen Objekten. Ein Gebrauchsgegenstand wie eine Karaffe oder ein Stuhl konnte in gleicher Weise die puristische Idee verkörpern wie ein Musikstück von Eric Satie oder ein puristisches Bauwerk. Entscheidend für seine Valenz war einzig die Hierarchiestufe, die der Gegenstand in der puristischen Welt der Dinge einnahm. Ein wichtiger Indikator diese Valenz zu messen, war das „Sentiment moderne“, das vom Gegenstand ausging. Le Corbusier sprach vom „Sentiment moderne“ als einer „unerbittlichen Tendenz“ und einer „notwendigen Tyrannei“, die eine Leidenschaft des Zeitalters werde. Das „Sentiment moderne“ sei ein Geist der Geometrie, ein Geist der Konstruktion und der Synthese[188]. Die puristischen Objekte sollten als Artefakte das „Sentiment moderne“ in einer sich wiederholenden „équation“ vollziehen und auf diese

187 „Nous préférons Bach à Wagner et l'esprit du Panthéon à celui de la cathédrale.“ Ebenda, S. 97.

188 Ebenda, S. 97.

Weise die Aufklärungsphilosophie vollenden. Die Stadt wurde mit der *Ville Contemporaine* zur Supermaschine des „Sentiment moderne", dessen Macht die „Leidenschaft" der modernen, industriellen Kultur perfekt verkörpert.

Die Ingenieure gingen dem Prozess der Purifizierung voran, nicht weil sie das metaphysische Programm des Purismus anwandten, sondern weil sie vollkommen in die moderne Kultur des Szientismus integriert waren. Indem sie den Notwendigkeiten seines imperativen Programms folgten, seien es die Ingenieure und nicht die Architekten gewesen, die erfolgreich in den „anklagenden Zeugungen ihrer Volumina" gewesen seien; sie zeigten den Weg und schafften die plastischen Tatsachen, die, klar und hell, den Augen Ruhe geben und dem Geist die Freuden der Geometrie[189]. Ingenieure standen nach Le Corbusiers Auffassung dem ästhetischen Programm des Purismus deshalb näher, weil sie, ohne an Form zu denken, durch die Notwendigkeiten ihrer szientifisch-mathematischen Konstruktionen geleitet werden und dadurch Artefakte von überzeitlicher Geltung hervorbringen würden. Ihre Unbefangenheit bringe sie dann so weit, dass „les ingénieurs d'aujourd'hui se trouvent être en accord avec les principes que Bramante et Raphaël avaient appiqués il y a longtemps déjà."[190] Die Formen des Ingenieurs seien schön, weil sie nach den inneren Gesetzen der Materie entstünden. Auch die Architektur und die Supermaschine der *Ville Contemporaine* beruhen auf den Gesetzen der Natur und des Universums, sie unterscheiden sich allerdings darin, dass sie nicht die mechanischen Gesetze nachvollziehen, sondern sie in ein visuell-ästhetisches Ereignis überführen. Architektur wird durch die visuell-ästhetischen Gesetze zu einer „machine à émouvoir", wie sie beispielhaft mit dem Parthenon realisiert wurde, der Ingenieursgegenstand dagegen stellt bestenfalls den Vollzug mechanischer Gesetze dar.

Als Negativbeispiel verwendete Le Corbusier die Ingenieurskunst der gotischen Architektur, der er die Architektur des Parthenon gegenüberstellte. Der Parthenon evoziere, so Le Corbusier, eine „émotion poétique"[191], in der der eigentliche Unterschied zur

189 Le Corbusier: *Vers une architecture*, S. 28.

190 Ebenda, S. 28 und S. 29.

191 Ebenda, S. 175.

Ingenieurskunst liegt, die ihrem Wesen nach wie die Natur ihre Objekte hervorbringt: „Les objets de la nature et les œuvres du calcul sont nettement formés: leur organisation est sans ambiguïté. C'est parce *qu'on voit bien*, qu'on peut lire, savoir, et ressentir d'accord. Je retiens: il faut dans l'œuvre d'art f*ormuler nettement*."[192] Diese Form der Nachahmung der *natura naturans* gilt in gleicher Weise für die Architektur, nur dass sie die Architektur auf visuell-ästhetische und damit poetische Weise betreibt. An der Profilierung erkenne man den Architekten: „A la modénature, on reconnâit le plasticien; l'ingénieur s'efface, le sculpteur travaille.[...]"[193] Gelingt die plastische Durchbildung der Architektur, so vereinigt sie die menschlichen Vermögen Empfindung und Intellektualität. Der Parthenon, das Paradigma von Le Corbusiers Architektur, verweise auf eine innere Achse in uns als Grund unserer Existenz: „l'émotion supérieure, d'ordre mathématique. L'art, c'est poésie: l'émotion des sens, la joie de l'esprit qui mesure et apprécie, la reconnaissance d'principe axil qui affecte le fonds de notre être."[194] Der Parthenon sei *die* „machine à émouvoir"[195] exakt kalkulierter Empfindungen und zwar der höchsten Empfindungen einer exakt kalkulierten mathematischen Ordnung.

Ab 1925, nach dem Einstellen der gemeinsam herausgegebenen Zeitschrift *L'Esprit Nouveau*, war sowohl der Purismus als auch Jeannerets und Ozenfants Freundschaft am Ende, auch wenn die Villa Savoye, Le Corbusiers „Rotonda" der puristischen Phase, erst Jahre später gebaut wurde. Le Corbusier „began to abandon his faith in the inevitable beneficence of a machine-age civilization".[196] Seine Bildsprache musste sich notwendig erweitern und neu ausrichten, da sie zwangsläufig wichtige Aspekte menschlicher Daseinserfahrung ausklammerte. Es genügte nicht mehr, eine „wohltemperierte", kontemplative puristische Kunst, die gleichlaufende „equation" ästhetischer Intellektualität des Maschinenzeitalters zu formulieren. Le Corbusier erkannte, dass die industrielle Kultur wohl doch nicht als *natura naturans* begriffen werden konnte, sondern als „Konstruktion", die

192 „L'architecture est chose de plastique." Ebenda, S. 174.
193 Ebenda, S. 178.
194 Ebenda, S. 181.
195 Ebenda, S. 173.
196 Frampton Kenneth: „The Rise and Fall of the Radiant City", S. 10.

eigenen Gesetzen gehorchte, die nicht in strukturontologischer Parallele zur Natur standen.

Ihn interessierten wieder die Konstanten und Invarianten, die im Frühwerk bereits vorhanden waren, aber durch den totalitären Anspruch des Purismus verdeckt wurden. Das Frühwerk in La Chaux-de-Fonds zeigt einen regionalen Jugendstil, dessen Häuser tektonische Schwere besitzen und die Materialität des Werkstoffs darstellen. Es ist der Gedankenwelt John Ruskins verpflichtet und mit seiner Vielzahl ornamentaler und materialtechnischer Themen weit entfernt von den maschinenhaften Gebilden des Purismus. Nachdem die puristische Klammer von Mensch, Szientismus und Natur aufgebrochen war, überlagerte Le Corbusier den strukturontontologischen Ansatz von Natur, den er immer mit einem Anthropomorphismus zu verbinden suchte, mit einem neuen Primitivismus. Gab es nicht Naturdinge, deren Formen uns zu berühren vermochten, ohne dass sie Teil der puristischen Welt waren und auch nicht in sie integriert werden konnten?

Le Corbusier erweiterte die Ausdrucksinhalte seiner Architektur, indem er sich wie während seiner Ausbildung in La Chaux-de-Fonds direkt mit der Form des individuellen Naturphänomens auseinandersetzte. Natur in ihrer unendlichen Formenvielfalt transformierte die „objet-types" zu den „objets à réaction poétique" und eröffnete dadurch eine Möglichkeit, die anthropozentrische Gleichung von Mensch und Natur mit einer unendlichen Anzahl von formalen Variablen neu zu formulieren. Die Natur war nicht mehr nur eine Konstruktion aus platonischen Körpern, die die „objet-types" der puristischen Malerei und der Architektur bestimmten. Sie wurde zum Reservoir potentiell unbegrenzt erweiterbarer Formen. Die intellektualistische Geste des puristischen Demiurgen, der die Natur beherrscht, wurde mit den „objets à réaction poétique" zur mimetischen Reaktion, die die Natur einfühlend ohne jede Vorbestimmung betrachtet. Der neue, ästhetisch-einfühlende Dialog mit der Natur und den Dingen offenbarte Le Corbusier Erstaunliches: Zufällig gefundene Naturgegenstände wurden von ihm zeichnerisch akribisch genau analysiert und dokumentiert. Individuelle Struktur und Form, haptische Qualitäten, Eigenschaften, die der Purismus als zufällig ausschloss, wurden in ihren sinnlichen Eigenschaften erkundet. „Steine, Muscheln, Früchte, Tannzapfen, Schnüre und Knochensegmente werden ab etwa 1925 ins Vokabular des Malers eingeführt.“[197] Das Raue, das Komplexe und Enigmatische, das Zufällige des Ortes und der Ausführung, das Schwere, der besondere Charakter der Materialien wurden zu wichtigen, ausdruckserzeugenden Elementen seines plastischen Werks. War es das Paradigma des puristischen Bildes und der puristischen Architektur ein Werk „sans déchets“ zu formulieren, um beim Rezipienten eine „reine Empfindung“ zu evozieren, so rührten Le Corbusiers neue Bildmittel an eine unmittelbare Körperlichkeit.

Ziel des Purismus war der wirkungsästhetische „MÉCANISME DE L'EMOTION“. Le Corbusiers nachpuristische Phase unterscheidet sich in diesem Punkt nicht: Malerei und Architektur sollen ein Gefühl evozieren, sie sollen ergreifen und in einen kalkulierten ästhetischen Zustand versetzen. Ab 1925 traten in seinen Bildern Gegenstände in den Hintergrund und die menschliche Figur, die auf den puristischen Bildern fast völlig ausgeklammert wurde, wurde zum zentralen Bildinhalt. Der nackte Frauenkörper wurde zum wichtigsten Ausdrucksträger seiner Gemälde und zum „objet à réaction poétique“ in Architektur und Städtebau. Wie Stanislaus von Moos in „Le Corbusier as painter“ beschreibt, waren es vor allem die Besuche in Algier in Zusammenhang mit seinen städtebaulichen Planungen, die bei Le Corbusier eine sinnlich-erotische Befreiung der Formen auslöste[198]. Veristisch gefertigte Skizzen und Momentaufnahmen nackter Frauenkörper wurden von ihm später in einer Vielzahl von Studien überarbeitet, indem er Transparentpapier über das Original legte und die Form von allen unwichtigen und zufälligen Informationen reinigte[199], um neue Formkonstanten herauszufiltern.

Neben der unmittelbaren Sinnlichkeit, die in den Entwürfen für Algier zum Ausdruck kommt, gewann die Darstellung des Tragischen der menschlichen Existenz in Le Corbusiers Werk an Bedeutung[200]: „In den dreißiger Jahren tritt das Drama des Kreatürlichen

---

197 Stanislaus von Moos: *Le Corbusier*, S. 349.

198 Stanislaus von Moos: „Le Corbusier as Painter“, S. 90 und 91.

199 Ebenda, S. 91.

200 Ebenda, S. 103 und Seite 107, Fußnote 54 .

ganz anders in den Vordergrund der Gestaltung. Die elementaren Konstanten der Existenz verlangen nach Ausdruck."[201] Es war nicht mehr das wohltemperierte Klavier Bachs, das aus seinen Gemälden, Skulpturen und Architekturen klang: „Über viele Blätter und Bilder rauscht ein dämonischer Mummenschanz im Taumel von ekstatischen Gestikulationen: Parodie und Pathos, Verzweiflung und zum Äußersten gesteigerte Kraft."[202] Die späten Arbeiten von Le Corbusier haben die Idee einer zur perfekten Maschine entwickelten Kunst nie aufgegeben, sie aber zur Symphonie erweitert. Im Unterschied zur reduzierten Bildsprache des Purismus und seinem „Sentiment moderne" wird nun der ganze Mensch mit seinem ganzen Empfindungsspektrum zum Maßstab. Le Corbusier beschwörte die griechische Mythologie, studierte die Formgesetze von Naturobjekten und versuchte das Ganze mit seinem *Modulor* der Mathematik zu unterwerfen. Die gewonnenen formalen Erweiterungen für das Ausdrucksspektrum von Architektur wurden für ihn wie die puristischen Artefakte zu neuen formalen Konstanten und Invarianten, die die Entwicklung der modernen Architektur wesentlich beeinflussten.

Mit den Erweiterungen seiner formalen Sprache näherte sich Le Corbusier wieder dem alten Architekturbegriff. Tektonik, Materialität und feste räumliche Strukturen verbunden mit einem exakten Proportionssystem auf anthropomorpher Basis sind Kennzeichen der klassischen Architekturtheorie, die Le Corbusier neu durchdeklinierte.

Wenn sich heute Architekten auf das puristische Vokabular der 20er Jahre als Konstanten und Invarianten der Moderne berufen, so wird die puristische Form vereinfacht zur Formel für eine rational-szientifische Moderne. Es wird vergessen, dass diese Formen als überzeitliche, visuell-ästhetische Sprachformen der Architektur von Le Corbusier verstanden wurden. Die Moderne hat nach Le Corbusier andere und in ihrem Symbolgehalt sicher besser sie verkörpernde Architekturen hervorgebracht. Le Corbusiers Architektur unterscheidet sich von diesen durch die Permanenz ihrer Bedeutung. Dies schuldet sie letztlich der Tatsache, dass sie nie

201 Stanislaus von Moos: *Le Corbusier*, S. 351 und 352.
202 Stanislaus von Moos: *Le Corbusier*, S. 354.

die traditionellen Sprachformen der Architektur aufgegeben hat. Vielmehr wurden diese auf ihre einfachsten und elementarsten Bestandteile zurückgeführt, um sie in einem subtilen Prozess der Transformierung und Überlagerung zu einer komplexen Architekturmaschine auszubilden. Le Corbusier war ein monistischer Theoretiker, der letztlich aus einem Prinzip eine kosmische Natur, die industrielle Welt, das Artefakt und den Menschen zu bestimmen suchte. Der philosophisch-ästhetische Anspruch, den er damit formulierte, macht sein architekturtheoretisches Werk einzigartig und doktrinär zugleich. *Après le cubisme* ist der Auftakt zu einer Reihe von Artikeln und Büchern mit der Intention, die moderne szientifische Kultur mit der Disziplin Architektur zu versöhnen. Dies musste zwangsläufig scheitern, da es in der Architektur um Konstanten und Invarianten geht, die vom Prozess einer sich überbietenden Moderne unberührt bleiben. Die Architektur folgt anderen Regeln als sie die moderne Industrie verwendet und ihre stärksten Ausdrucksmomente erreicht sie gerade dann, wenn sie die überzeitlichen Konstanten menschlicher Existenz in ihrem Zeichen- und Ausdruckssystem zur Darstellung bringt.

Göppingen, April 2018

LITERATURVERZEICHNIS

Ball, Susan L.: *Ozenfant and Purism. The Evolution of a Style 1915 - 1930*, Michigan 1981.

Banham, Reyner: *Die Revolution der Architektur. Theorie und Gestaltung im Ersten Maschinenzeitalter*, Hamburg 1964, Originalausgabe: *Theory and Design in the First Machine Age*, London 1960.

Blanc, Charles: *Grammaire des Arts et du Dessin*, Paris 1880. Erstausgabe 1867.

Blondel, François: *Cours d'Architecture enseigné dans l'Académie royale d'Architecture. Quatrieme, cinquieme et derniere partie*, Paris 1698. http://digi.ub.uni-heidelberg.de/diglit/blondel1698c

Blunt, Anthony: *Art und Architecture in France 1500 to 1700*, Bungay und Suffolk 1957, 1. Auflage 1953.

Boullée, Etienne-Louis: *Abhandlung über die Kunst*, übers. von Hanna Böck, mit einer Einführung von Adolf Max Vogt, Zürich und München 1987.

Brooks, H. Allen: *Le Corbusier's Formative Years: Charles-Edouard Jeanneret at La Chaux-de-Fonds*, Chicago und London 1997, S. 123.

Colli, Luisa Martina: „Jeanneret und die Ecole d'Art", in: *archithese*, Niederteufen 1983, Jg. 1983, Heft 2, S. 16-22.

Curtis, J. R. William: *Le Corbusier. Ideen und Formen*, Stuttgart 1987.

Ducros, Françoise: „Der Purismus und die Kompromisse einer modernen Malerei", in: von Moos Stanislaus (Hrsg.): *L'Esprit Nouveau. Le Corbusier und die Industrie 1920-1925*, Zürich und Berlin 1987, S. 66-79.

Ewald, Oskar: *Die französische Aufklärungsphilosophie*, München 1924.

Frampton, Kenneth: „The Rise and Fall of the Radiant City: Le Corbusier 1928-1960", in: Frampton Kenneth: *OPPOSITIONS. Le Corbusier 1933-1960*, Cambridge, Massachusetts und London 1980, S. 2-25.

Fröbe, Turit: *Die Inszenierung eines Mythos. Le Corbusier und die Akropolis*, Basel 2017.

Kruft, Hanno-Walter: *Geschichte der Architekturtheorie*, München 1991.

Le Corbusier: *Vers une architecture*, Paris 2005. Erstausgabe 1923

Le Corbusier-Saugnier: „Les Tracés RÉGULATEURS", in: *L'Esprit Nouveau*, Nr. 5, Februar 1921, S. 563-572.

Le Corbusier und Ritter, William: *Correspondance croisée 1910-1955. Lettres à ses maîtres III*, Paris 2014.

Le Corbusier et Jeanneret, Pierre: *Œuvre complete 1910-1929*, 6. Aufl., Zürich 1956.

Maur v., Karin und Inboden, Gudrun: *Malerei und Plastik des 20. Jahrhunderts*, Staatsgalerie Stuttgart 1982.

Mondrian, Piet: *Le Neo-Plasticisme*, Paris 1920. Deutsche Übersetzung: Mondrian Piet: *Die neue Gestaltung*, München 1925.

Moos von, Stanislaus: *Le Corbusier. Wirkung und Gestalt*, Frauenfeld und Stuttgart 1968.

Moos von, Stanislaus: „Le Corbusier as Painter", in: Frampton Kenneth: *OPPOSITIONS. Le Corbusier 1933-1960*, Cambridge, Massachusetts und London 1980, S. 89-107.

Muthesius, Hermann: „Das Formproblem im Industriebau", in: *Jahrbuch des Deutschen Werkbundes*,Jg.1913, S. 23-33.

Oechslin, Werner: „Emouvoir – Boullée und Le Corbusier", in: Oechslin Werner: *Moderne entwerfen. Architektur und Kulturgeschichte*, Köln 1999, S. 193-205.

Ozenfant, Amedée und Jeanneret, Charles Edouard: *Après le cubisme*, Paris 1918.

Ozenfant, Amedée und Jeanneret, Charles Edouard: „Le Purisme", in: *L'Esprit Nouveau*, Nr. 4, Januar 1921, S. 369-386.

Ozenfant, Amedée und Jeanneret, Charles Edouard: „Sur la Plastique", in: *L'Esprit Nouveau*, Nr. 1, Oktober 1920, S. 38-48.

Platon: *Philebos*, Sämtliche Werke, übersetzt von Friedrich Schleiermacher und Hieronymus Müller, hrsg. von Walter F. Otto und Ernesto Grassi, Bd. 5, Hamburg 1959.

Provensal, Henry: *L'art de demain. Vers l'harmonie intégrale*, Paris 1904.

Rüdiger, Julia: „Les lois sont invariables...– Die Entwicklung der Naturwissenschaften und Amédée Ozenfants Kunsttheorie, in: *Wiener Jahrbuch für Kunstgeschichte*, Bd. LVII, Wien, Köln und Weimar 2008, S. 189-206.

Rüegg, Arthur: „ESTHÉTIQUE SCIENTIFIQUE", in: Moos von, Stanislaus von (Hrsg.): *L'Esprit Nouveau. Le Corbusier und die Industrie 1920-1925*, Zürich und Berlin 1987, S. 219.

Scherkl, Robert: *machine à émouvoir*, Weimar 2004.

Severini, Gino: *Du cubisme au classicisme*, Paris 1921.

Taine, Hippolyte: *Philosophie de l'art*, Paris 1865.
Turner, Paul Venable: *The Education of Le Corbusier*, New York und London 1977.
Vicovanu, Roxana: „Le difficile equilibre du ›retour a l'ordre‹, du ›classicisme moderne‹ et ›de l'avantgarde‹", in: Hunkeler Thomas (Hrsg.): *Paradoxes de l'avantgarde*, Paris 2014, S. 237-252.

ABBILDUNGSVERZEICHNIS

Titelbild: Le Corbusier: *Vers une architecture*, 1923. Reprint 2005, S. 243.
Abb. Seite 52: Eliel Carol: *L'Esprit nouveau. Purism in Paris, 1918-1925*, Los Angeles 2001, S. 33.
Abb. Seite 53: Eliel Carol: *L'Esprit nouveau. Purism in Paris, 1918-1925*, Los Angeles 2001, S. 45.
Abb. 1: Adolphe Appia: *L'oeuvre d'art vivant,* Genf und Paris 1921, Bild–anhang.
Abb. 2: Le Corbusier: *Vers une architecture,* Paris 1923. Reprint 2005, S. 49.
Abb. 3: Amedée Ozenfant und Charles Edouard Jeanneret: „Sur la Plastique", in: *L'Esprit Nouveau,* Nr. 1, Oktober 1920, S. 41.
Abb. 4: Le Corbusier: *Vers une architecture*, Paris 1923. Reprint 2005, S. 243.
Abb. 5: Le Corbusier et Pierre Jeanneret: *OEuvre complete 1910-1929*, 6. Aufl., Zürich 1956, S. 99.
Abb. 6: Le Corbusier et Pierre Jeanneret: *OEuvre complete 1910-1929*, 6. Aufl., Zürich 1956, S. 41.
Abb. 7: Le Corbusier et Pierre Jeanneret: *OEuvre complete 1910-1929*, 6. Aufl., Zürich 1956, S. 115.
Abb. Rückseite: Eliel Carol: *L'Esprit nouveau. Purism in Paris*, 1918-1925, Los Angeles 2001, S. 32.

In der Edition Staub - *Architektur*

sind bereits erschienen

Theorie der modernen Architektur
Programmatische Texte
Gerd de Bruyn
ISBN 978-3-928249-77-5

Ideenparadiese
Fünf Jahre konzeptioneller Master Architektur in Stuttgart
ISBN 978-3-928249-90-4

In der Edition Staub - *Literatur*

veröffentlichen wir

Erzählungen, Romane und Lyrik

Das mächtige Häuflein
Ein Frankfurter Jazz-Diorama
Gerd de Bruyn
Mit Zeichnungen von Alban Janson
ISBN 978-3-928249-73-7

DASISTAL
Bachwolf von Schenemar
Gedichte und Illustrationen vom Autor
ISBN 978-3-928249-75-1

Neues aus Liliput
Gerd de Bruyn
Reime und Bilder
ISBN 978-3-928249-76-4

Die Brandstifter von Dünkelkirchen
Ein Künstleridyll aus der hessischen Provinz
Kaspar Schlich
Zeichnungen von Kathrin Seitz
ISBN 978-3-928249-71-3

Das artemisianische Prinzip
Roamanessay über Musik und Architektur
Gerd de Bruyn
ISBN 978-3-928249-71-3

www.editionstaub.de